이것이 마케팅 아이디어다

이것이 마케팅 아이디어다

초판 1쇄 발행 2013년 4월 15일
초판 2쇄 발행 2013년 5월 6일

지은이_ 안익준
펴낸이_ 임영욱 / 전익균

기획_ (주)텐아시아
이사_ 임상직
편집장_ 이호영
교정_ 이현정
디자인_ 최종명
유통문의_ 새빛북스 전화 02)408-1997 팩스 02)404-1997

인쇄 및 제본_ (주)인쇄그룹형제

펴낸곳_ 에이원북스
주소 서울시 중구 초동 42번지 아시아미디어타워 503호
전화 02)2200-4310 팩스 02)2200-4311
이메일 svedu@daum.net 홈페이지 www.bookclass.co.kr
등록번호 제301-2013-038호 등록일자 2013. 2. 12

값 12,000원

ISBN 978-89-969980-0-6 (13320)
※잘못 만들어진 책은 구입하신 곳에서 바꾸어 드립니다.

이것이 마케팅 아이디어다

안익준 지음

에이원북스 AONEBOOKS

머리말

이 책은 마케팅 아이디어에 관한 책입니다. 여러 방면의 아이디어들을 선순환이라는 코드로 마케팅에 적용시켰습니다. 제대로 된 아이디어 하나가 수많은 사람들의 인생을 바꿔놓을 수도 있고 수백만 명을 먹여 살릴 수도 있다는 것을 잘 알고 있습니다. 제가 내는 마케팅 아이디어들 중에서 제대로 된 임자를 만나 꽃을 피우는 아이디어가 나오길 바랍니다. 여기에 있는 아이디어들 모두가 실제 사업에 적용했을 때 큰 효과를 낼 수 있는 것들이 아닐 수도 있습니다. 그러나 획기적인 작품 뒤엔 평범한 존재들이 많다는 사실에 기대어 용기를 냈습니다.

대상은

첫째, 정부, 지자체, 기업, 사회단체 등의 조직에서 능동적으로 어떤 일을 기획하는 분들, 둘째, 국가나 지자체와 관련하여 정책을 연구하는 분들, 셋째, 뭔가를 하고 싶은데 만족스러운 아이템이나 아이디어가 없어서 책을 통해 영감을 얻으려는 분들입니다.

목적은

새로운 아이템을 찾거나 의미 있는 무엇인가를 시도하려는 기업이나 개인, 지자체에게 이론적이면서도 실질적이고 구체적인 영감을 불어넣어드리는 것입니다. 때론 직접적인 아이디어를 드리기도 했는데, 그 아이디어들이 제 임자를 만나길 바랍니다.

독자에게 바라는 바

선순환이라는 키워드가 인생과 기업의 성공에 매우 중요한 축을 차지하고 있다는 사실을 이 책을 읽으면서 공감해 주셨으면 합니다. 책을 읽으면서 펜을 들고 '나 같았으면 이 상황에서 어떻게 했을 텐데' 등의 떠오르는 생각을 적어 보셨으면 좋겠습니다.

또한, 이 책에는 수십 개의 아이템과 백여 가지의 아이디어들이 들어 있습니다. 그것들을 접하면서 자신의 현재 상황에 맞는 아이템과 아이디어들을 떠올리시길 바랍니다.

필자의 경험과 관련된 부분이든 새로운 아이템에 대한 아이디어든 읽고 좋은 의견이 있으시면 연락주시기 바랍니다. A/S 차원에서 성의껏 답해 드리겠습니다.

아울러 이 책 자체가 선순환이 되어서 필자의 발전과 사회 및 업계의 진일보에 도움이 되었으면 합니다.

촌스럽지만 마지막으로, 엄청나게 바쁜 대한민국 검사 김인숙 씨, 유선 유민 낳아줘서 고맙습니다. 착한 아내와 순한 자식들, 우리 가족 사랑합니다.

차례

머리말 ·· 4

프롤로그 ·· 8

Part 1 감동을 주는 마케팅

격(格)이 다른 사회공헌 ······································ 15

기꺼이 또 기꺼이 ··· 20

이야기가 있는 신발, 탐스 ··································· 25

100달러짜리 노트북, 그리고 국가브랜드 ········· 30

채찍은 됐고, 당근만 ··· 37

원대한 플랫폼을 만들다 ····································· 44

내부고객이 곧 회사 ·· 48

Part 2 셀프 마케팅 아이디어

브랜드가 있는 도시락 ·· 55

www.foodtoday.co.kr ··· 61

세일즈맨의 세일즈맨을 위한 제언 ····················· 68

굿아이템이 굿아이디어 ····································· 73

신뢰를 먹고사는 온라인 사업 ···························· 78

경험담이 주는 무한신뢰 ····································· 84

마케팅의 기본은 심리학 ····································· 89

Part 3 상상 속의 마케팅 아이디어

'19금' 식당 ··· 97

고인(故人)을 고객으로 ··· 103

더 타도 괜찮아요 ··· 108

전주 Perfect City ··· 113

'공감' 하는 종합병원 ··· 125

톰 소여 마케팅 ··· 135

호두과자 휴게소 ··· 143

Part 4 함께 사는 대한민국을 위하여

지방자치단체를 위하여 ··· 159

전통시장을 위하여 ··· 170

중소기업을 위하여 ··· 187

에필로그 ··· 207

프롤로그

　훌륭한 본질을 가지고 있으면서도 빛을 보지 못하는 아이템을 심심찮게 만납니다. 사람과 기업에서도 비슷한 경우를 봅니다. 지금까지 그랬던 것처럼 조금만 더 열심히 하면 빛을 볼 날이 올까요? 그들에게 필요한 것은 마케팅이 포함된 노력이지 않을까라는 생각을 해봅니다.

　슈퍼스타 K, 위대한 탄생 등 방송사 오디션 프로그램을 보다가 의외의 출연진을 보고 이런 생각이 들었습니다. 홍대 앞이나 대학로에서 소위 언더그라운드 활동을 하면서 나름의 음악활동을 하는 사람들이 많습니다. 그들이 기성 대중음악계에 편입되길 거부하면서 자신들만의 독자적인 음악세계를, 자신들만의 세상에서 독야청청 해나가는 줄 알았습니다. 기성 대중음악 쪽은 쳐다보지도 않고요. 그런데, 전혀 그게 아니었습니다. 그들도 모두 세상 밖으로 나가고 싶어 했던 것입니다. 보다 많은 사람들에게 인정받고 싶어 했고 기회만 된다면 대중의 룰에 따를 의지가 충분해 보였습니다. 개중에는 상당한 실력파들도 있었습니다. 기본기는 모두 탄탄해 보였습니다. 그들을 보면서 그들에게 필요한 것은 원포인트 레슨과 더불어 맞춤 마케팅이란 생각을 했습니다. 사실 2백만 명이 넘는 지원자 중에 1등과 100등이 큰 차이가 있을까 싶습니다.

1등이나 100등이나 다듬고 트레이닝 받으면 실력은 비슷해질 수 있습니다. 그러나 어떤 사람은 스타가 되고 또 어떤 이들은 잊혀집니다. 오디션 프로그램에서 순위를 정해주듯 인기도 성적순이어야 맞는데 세상에 나오면 그 법칙은 깨집니다. 이때 필요한 것은 지금까지의 방식대로 열심히 노력하는 것보다는 제대로 된 아이디어와 마케팅이란 생각입니다.

장윤정이라는 가수가 있습니다. MBC 강변가요제에서 대상을 받았을 정도로 뛰어난 가창력을 가졌습니다. 그러나 그 후 앨범을 내지 못하고 입에 풀칠조차 하기 힘들었답니다. 첫 소속사에서 2년 반 동안 트레이닝만 받다가 계약기간이 끝났고, 두 번째 소속사는 부도가 났습니다. 마지막 지푸라기라도 잡는 심정으로 찾아간 곳이, 아주 먼 인연이었던 권투프로모션 업체였습니다. 가수 매니지먼트 경험이 전혀 없었지만 이벤트 경험은 풍부했고, 무엇보다 장윤정의 목소리와 트로트 시장에 대한 확신이 있었다고 합니다. 그리고 장윤정과 트로트에 회사의 명운을 걸고 트로트로 전향하겠다는 다짐을 한 장윤정과 손을 잡습니다.

'어머나'는 이미 6명의 가수가 싫다고 거절한 곡이었습니다. 신인이었고 절박했었지요. 어머나의 '어' 콧소리 한 음절을 내기 위해 거의 한 달간을 '어' 연습만 했다고 하니, 아이디어도 아이디어지만, 시키는 사람도 하는 사람도 대단한 확신과 의지가 있었던 게 틀림없습니다. 그렇게 완성된 곡을 젊고 예쁘장한 여가수가 미니스커트를 입고 감칠맛 나게 불렀습니다. '어머나'는 어느 날 갑자기 뜬 노래가 아니었습니다. 마케팅 아이디어와 절박한 실력과 여가수의 승리였던 것입니다.

스타를 만드는 것은 예전엔 실력과 운이라고 했다지요. 하지만 최근엔 과학적 분석과 마케팅 아이디어가 운을 대신하고 있는 듯합니다. 마치 과거의 히트상품은 소비자에게 필요하다 싶은 상품을 튼튼하게 만들어 팔면 되었으나, 이젠 과학적인 분석과 첨단의 마케팅 아이디어가 도입되지 않은 대박상품이 없는 것과 마찬가지 이치인 것 같습니다.

좋은 본질을 갖고도 결정적인 그 '무엇'이 없어서 본의 아니게 재야에 묻혀 있는 경우가 많습니다. 홍대 앞 언더그라운드 밴드에서부터 깊은 산속 사찰의 전통차까지 모두 세상 밖으로 나오길 원합니다. 더 많은 사람들에게 알려지길 원하고, 자본주의 사회에서 더 많이 인정받고 싶어 합니다.

옛말에 소복(小福)은 재근(在勤)이라고 했습니다. 웬만큼 먹고 사는 것은 근면하고 성실하면 됩니다. 반드시 그런 것은 아니지만 기업의 경우도 어느 정도 비슷합니다. 정직함과 성실함이 업계에 알려지면 쉽게 망하지는 않습니다. 그런데 소위 대박은 그것만 가지고는 부족하단 생각입니다. 사람이나 아이템이나 사업이나 대박의 관건은 마케팅 아이디어입니다. 결국 대운(大運)은 재천(在天)이 아니라 在마케팅 아이디어인 셈입니다.

배우가 연기만 잘 해서는, 가수가 노래만 잘 해서는 빅스타가 될 수 없고 기업도 정직과 성실로만 승부해서는 중견기업이 되기도 힘듭니다. 관건은 같은 노력을 하고도 제대로 된 포인트를 찾아서 에너지를 쏟아야 한다는 것입니다. 그 제대로 된 포인트! 그것이 마케팅 아이디어입니다.

Part 1

감동을 주는 마케팅

격(格)이 다른 사회공헌

재미없는 광고 주제는 없다.
재미없는 광고인이 있을 뿐.
— 데이비드 오길비(미국의 전설적인 카피라이터)

저 별은 나의 별 저 별은 너의 별
별빛에 물들은 밤같이 까만 눈동자
저 별은 나의 별 저 별은 너의 별
아침이슬 내릴 때까지
— '두 개의 작은 별' 중, 송창식 · 윤형주 노래

한 조명업체가 사회공헌을 하고 싶었는데 뭔가 회사와 연관 있는 분야의 일이 좋을 것 같았다.

↓

국립공원에서 별이 총총한 밤을 다시 보게 해주자는, 조금은 황당하면서도 낭만적인 아이디어가 나왔다. 이름하여 국립공원 밤하늘 복원 사업.

↓

국립공원과 제휴하여 아름다운 환경과 조화를 이루는 조명기구를 설치했다. 근처 마을들과 주요 명소에서 별이 더 잘 보일 수 있도록 하는 것을 목표로 사업을 진행했다.

↓

신문 기사에 이렇게 실렸다. "전구 제조업체가 조명의 밝기 수준을 낮추는 일에 뛰어들었다."

↓

전국적으로 주목을 받았고 브랜드에 대한 호감도가 크게 상승했다. 직원들도 우리 회사가 이렇게 가치 있는 일을 한다는 사실에 대단히 고무되었다.

↻

'밤하늘의 별빛을 되살리는 등(燈)'을 비롯해 다양하고 특수한 용도의 우수한 조명제품을 개발하게 되었다. 유사한 사회참여 단체들의 동참이 이어졌다.

기업의 사회공헌 목적

　　　　　　사회공헌을 하는 기업들의 목적은 대개 비슷합니다. 사회공헌 활동을 통한 기업이미지 제고입니다. 물론 기업이든 개인이든 사회공헌은 그 자체로서도 큰 의미가 있습니다. 하지만 기업이라는 특성상 기업의 모든 활동은 기업의 이미지와 연결되고 그것은 곧 회사의 본질적인 업무와도 연관이 될 수밖에 없습니다. 그런 의미에서 보았을 때 기업의 사회공헌은 자사의 업무영역과도 관계가 있는 것이 여러모로 좋아 보입니다. 예로 든 선순환은 미국의 GE(General Electric 社) 사례입니다.

저비용 고효과 사회공헌

　　　　　　2002년 5월 GE재단은 국립공원관리공단과 협력해 옐로스톤 국립공원의 밤하늘을 아름답게 복원시키는 새로운 사회사업을 시작합니다. 옐로스톤 국립공원의 주요 명소에서 '다시 쏟아지는 별빛 가득한 밤하늘'을 만들기로 합니다.

　인류가 전기를 발명해 밤을 본격적으로 접수하기 시작한 것이 불과 백년도 안 되었습니다. 그 빛을 선사한 사람은 모두 알고 있듯 에디슨입니다. 그리고 그 유명한 에디슨이 세운 회사는 아직도 미국에서 막강한 영향력을 행사하고 있는데 그 회사가 바로 GE입니다. 좀 억지스러울 수도 있습니다만, 밤하늘의 별빛을 없앤 장본인과 회사가 바로 에디슨과 GE였기에 결자해지(結者解之) 차원의 의미도 있지 않았나 싶습니다. 물론 재밌자고 보면 그렇다는 거지요. 역시 스토리텔링이 곁들여지면 효과가 배가(倍加) 됩니다.

언론은 매우 긍정적이었고 직원들은 자신들이 만든 조명기구가 이런 색다른 일을 할 수 있다는 데 놀라워했다고 합니다. 이번 일로 GE에 대한 호감도는 크게 상승했다고 하니 기업의 사회공헌 활동에 대한 목적을 제대로 달성한 셈이 되었습니다.

GE는 이런 멋진 프로젝트에 2002년부터 3년간 약 20만 달러를 지출했다고 합니다. 효과에 비해선 거의 비용이 들지 않았다고 여겨집니다. 역시 아이디어가 제일입니다.

갈길 먼 우리나라
사회공헌 인식

우리나라 기업들의 사회공헌활동은 세계적 수준입니다. 사회공헌에 투자하는 규모에 있어서 그렇다는 얘기지요. 그 일상적이고 전통적인 방식의 사회공헌을 폄훼하거나 무시할 생각은 조금도 없습니다. 다만 놀라울 정도로 창의적이고 멋진 아이디어를 바탕으로 한 사회공헌도 있었으면 하는 바람을 가져 봅니다. 선순환마케팅이 바로 그것입니다.

사실 사회공헌은 선순환마케팅과 잘 어울립니다. 기업의 입장에서는 사회공헌을 하는 이유로 기업오너의 철학이라든가 사회적·시대적 분위기 등 여러 가지가 있을 수 있겠지만 궁극적인 목적은 비슷하리라 봅니다.

"기업의 이미지 제고를 통한 사회적 책무를 완성하면서 나아가 눈에 보이는 기업의 성과에도 기여한다"는 의미가 있을 것입니다. 따라서 같은 예산을 집행하더라도 좀 더 사람들에게 효과적으로 알려지길 기대한다고 봐야 할 것입니다. 그렇다고 '나 이렇게 좋은 일하니 좀 알아주세요'라고 말할 수도 없으니, 딱히 '별이 쏟아지는 밤 찾아주기' 같은 격(格)이 다른 아이디어는 드문 일일 것입니다.

한편, 이 글을 쓰는 중에 들려오는 우울한 소식이 있었습니다. 은행들이 수익 감소를 이유로 가장 먼저 사회공헌비를 줄였다는 소식입니다. 그것도 3년 동안 60%나 말입니다. 십억이 넘는 모델료를 지불하는 연예인 모델들은 계속 기용하면서, 몇 조원의 수익을 내더라도 약간 수익이 감소한다 싶으면 가장 먼저 줄이는 게 소외계층 지원금입니다. 이게 우리나라 기업들의 사회공헌의 현주소가 아닌가 싶어서 무척이나 씁쓸합니다. 아이디어만 없었던 게 아니라 의지도 없는 것은 아닌지 걱정이 됩니다.

사회공헌의 잠재적 파급효과

사회공헌과 관련해서 의지가 있는 기

업들이나 개인들을 위해 그간 생각해왔던 '신선한' 아이디어들을 바탕으로 사회공헌과 선순환에 대해 따로 정리해볼 계획을 갖고 있습니다. 선순환마케팅과 가장 잘 어울리는 분야이기에 더더욱 관심도 가고 어떤 의무감도 느끼기 때문입니다.

많은 조사에서 공통적으로 드러나고 있는 사실 한 가지는 미국에서 실시한 비슷한 맥락의 복수 조사 결과에 의하면, 같은 값이면 사회적으로 좋은 일을 하는 회사의 제품을 사겠다는 응답이 80~90%라고 합니다.

이 결과가 의미하는 것은 대부분의 사람들은 자신이 직접 기부하진 못하더라도 간접적으로나마 기부에 동참하고 싶어 한다는 증거라고 생각합니다. 솔직히 이런 통계에 기인해서라도 기업들이 착한 일을 하는 데 더 적극적이었으면 하는 마음도 있습니다.

기업뿐만 아니라 개인적으로도 제대로 된 사회봉사를 하는 사람이 신뢰받고 좋은 제안을 받을 확률이 클 것이라고 짐작해봅니다. 같은 값이면 사회공헌 하는 착한회사의 제품을 사겠다는 사람이 90%에 달한다는데 개인에게도 같은 잣대가 적용되겠지요. 젊은이라면 면접에 적용될 것 같습니다. 다만, 기업과 마찬가지로 일상적인 사회봉사를 하는 것 자체로도 칭찬받을 일이지만 이왕 하는 거 자신만의 개성과 능력을 더 잘 발휘할 수 있는 독창적인 아이디어를 내서 한다면 좀 더 오래 재밌게 할 수 있지 않을까요? 제대로 하면 근사하고 멋지기까지 할 것 같군요.

기꺼이 또 기꺼이

"광고야말로 인간에 대한 깊은 이해를 드러낸다.
다시 태어나면 광고인이 되고 싶다."
─전 미국대통령 루즈벨트─

기부를 요청하는 두 가지 방법
1. 최대한 불쌍하게 보이기
2. 기발한 아이디어로 기부하고 싶어 안달나게 하기

기부라는 명분

↓

나의 선행이 눈에 보인다.

↓

무엇보다 꽤 신기하고 재밌다.

또 하고 싶어진다.

목표지점이 시각적으로 분명하게 표현돼 있다.

↓

완성된 기부금으로 무엇을 할 것인가 확실하다.

↓

목표점에 도달하는 데 내가 기여한 것이 눈에 보인다.

자꾸 하고 싶다.

기부도 '재구매(再購買)'를
목표로

        중국에서 진행된 무척이나 기발하고 인상적인 기부 캠페인입니다. 중국 서부 지역은 척박한 지역이 많은데, 특히 물이 고갈되어 우물이나 물탱크를 사용해야 하는 상황이랍니다. 그분들에게 물탱크와 우물은 생명과 직결되는 문제인 것이지요. 하지만 우물이나 물탱크가 없어서 굉장히 불편하게 지내는 주민들이 많다고 합니다. 이 물탱크는 약 1,000위엔(한화 18만 원) 정도만 있으면 만들 수 있다고 합니다.

  이러한 점에 착안하여 사람들로부터 물탱크를 제작하기 위한 기부 캠페인을 진행했습니다. 사람들이 내는 돈이 정말로 소중하게 쓰여 물

출처 : http://adsoftheworld.com

이 필요한 많은 사람들에게 큰 힘이 될 수 있다는 점을 전달하기 위해 위의 사진처럼 동전을 투입할 때마다 수심이 동전의 부피만큼 높아져 입을 벌리고 있는 인형의 입에 물이 떨어지도록 만들었습니다. 아마도 통의 크기는 18만 원이 되는 만큼의 동전이 쌓이면 가득 채워지도록 만들어졌을 겁니다. 이 아이디어는 목표를 시각적으로 볼 수 있어서 더 큰 효과를 낼 수 있습니다.

일반적으로 마케팅의 궁극적 목표 중 하나는 재구매입니다. 재구매 비율이 얼마나 높은가를 파악해보면 해당 상품이나 서비스의 지속 시간을 판단할 수 있습니다. 새로 개발된 관광지도 재방문이 얼마나 이루어지느냐가 성공의 열쇠겠지요. 이 말을 역으로 하면, 성공하는 마케팅인지 아닌지는 재구매가 얼마나 일어나고 있는가를 판단기준으로 삼아도 무리가 없다는 뜻일 것입니다. 그런 관점에서 기부마케팅을 바라봅니다. 한 번 기부하게 만드는 것도 쉬운 일은 아니지만, 성공한 마케팅은 '재기부(再寄附)'가 일어나는 마케팅이겠지요. 건강하고 밝은 '중독'을 퍼뜨릴 수만 있다면, 그게 가장 좋은 마케팅이 아닐까요?

최소한 허무하게 느끼진 않게 해야

제 경험담을 한번 얘기해보려고 합니다. 전화를 거는 것만으로 기부가 되는 시스템이 처음 등장한 것이 17년 전쯤입니다. 그때 처음으로 ARS기부라는 걸 해보았습니다. 그런데 그 첫 경험은 첫사랑도 아닌데 몹시 씁쓸했습니다. 나름 좋은 일을 한다는 뿌듯함에 전화를 조심스레 걸었습니다. 그 다음에 제가 들은 소리는 '딩동 뚜 뚜 뚜 뚜 뚜 뚜 뚜' 하는 기계음이었습니다. '딩동'은 아마도 제 돈을 가져갔다는 뜻일 것이고 '뚜 뚜 뚜'는 전화가 끊겼으니 어서 정신 차리고 수화기를 내려놓으라는 의미였겠지요. 기분이 묘했습니다. 그 순간, 저는 스스로를 다독이고 있는 저를 발견했습니다. '그래 좋은 일 한 거 맞아. 좋은 일 했으면 됐지 뭐. 그럼 누구 칭찬이라도 받으려고 기대했던 거야? 그런 거 아니잖아. 좋은 일 했으면 된 거야.' 그렇게 스스로를 위안했습니다. 그리고 10년 가까이 ARS기부는 쳐다보지도 않았습니다.

인도에 1년 정도 머무를 때였습니다. 인터넷도 시원찮던 시절이라 거기에 살면 한국은 잊고 현지의 삶에 집중할 줄 알았는데 마케팅 관점으로 보고 판단하는 것이 본능처럼 되었는지 오지랖이 발동되었습니다. 서남아시아를 비롯한 이슬람과 힌두국가들은 소고기와 돼지고기를 거의 먹지 않습니다. 채식주의자들도 전체 인구의 30%나 되니까요. 그런데 고기를 먹는 사람들 중에는 고기를 사 먹을 돈이 없는 경우가 더 많은 것 같았습니다. 그런 인도의 현실을 직접 몸으로 느끼면서 주로 닭고기를 먹을 수밖에 없었습니다. 그나마 먹을 만했으니까요. 우연히 도계장(屠鷄場)에 가고부턴 그 닭고기도 못 먹게 되었습니다. 위생상태가 엉망이었지요. 다시 닭고기가 먹고 싶을 즈음 정말 순수한 마음으로 나름 인도 닭고기시장을 분석한 장문의 편지 반 리포트 반의 메일을 국내 굴지의 닭고기회사에 인터넷으로 보냈습니다. "뭐 정보가 많으시겠지만 그래도 이런 상황이니 인도 진출 같은 것도 중장기 회사 비전으로 생각하면 좋을 것 같습니다. 조금이나마 도움이 되었길 바랍니다." 이렇게 끝나는 편지 반 리포트 반의 메일을 줄잡아 A4 7~8장 정도로 써서 보냈는데 제게 돌아온 것은 한 마디의 말 뿐이었습니다. 그것도 메일을 보낸 지 30일 만이었습니다. "의견이 접수되었습니다. 감사합니다." 허탈함을 감출 수 없었습니다.

재미와 뿌듯함을 돌려받는다면

칭찬받으려고 기부 전화한 거냐, 감사하다고 했으면 됐지 뭘 더 바라냐고 하신다면 더 이상 할 말은 없지만, 다시는 하고 싶지 않다는 생각을 지울 수가 없었습니다.

착한 일을 했는데 착한 일을 했다는 뿌듯함을 느끼게 해주는 것은 상당히 중요한 일이라고 생각합니다. 그것만으로도 의미가 있는데 거기에 재미까지 더 해준다면 그보다 더 좋은 기부방식이 또 있을까 싶습니다. 예를 들어, 물탱크 기부캠페인에서 동전을 넣으면 물이 떨어지게 되어 있는데 물을 받아먹은 인형이 인사를 하거나 감사하다는 멘트를 한다면 또 하고 싶은 마음이 드는 건 인지상정 아닐까요? 조금 더 세심한 배려를 한다면 그것이 곧 마케팅 아이디어가 되어서 몇 배로 돌아온다는 걸 깨달았으면 좋겠습니다.

이야기가 있는 신발,
탐스

"당신네 광고는 역겨워요.
그중에서도 서니 사장이 제일 메스껍습니다.
맹세컨대 그 광고만 보면 우리는 당신네 침대를 사느니,
차라리 콘크리트 바닥에서 자고 싶은 심정입니다.
그러나 지역사회에서 펼친 당신네 활약 때문에 결국 당신네 매장을 찾게 되고,
그곳의 우수한 서비스 때문에 우리는 거래를 계속 이어가고 있는 겁니다."
'Sleep Country USA'의 사장 서니 코브 쿡에게 전달된 메모
– 필립 코틀러 낸시 리 공저의 〈착한기업이 성공한다〉 중에서 –

한 켤레 사면 한 켤레 기부하는 방식. 좋은 품질의 신발 탐스.

⬇

탐스가 단순한 신발이 아님을 직감한 어느 대형 신발유통회사 바이어가 먼저 알아봤다.

⬇

타임지 패션담당 기자가 인터뷰를 요청해왔다. 탐스는 신발이 아니라 이야기였다.

⬇

온라인 주문이 터지기 시작했다.

🔁

타임, 피플, 보그, 엘르 등의 잡지들에 신발 이야기와 그 반응에 대한 기사가 실리고 있다.

🔁

대부분의 고객들이 신발을 구매한 행동을 자랑스럽게 생각하고 스스로 제품을 홍보한다.

기발한 아이디어에
놀라운 추진력까지

월급 받고 일하는 홍보사원과 취지에 공감해서 선의로 도와주는 후원인, 그리고 돈을 지불하고 물건을 사는 고객, 이 세 부류의 사람들이 명확히 구분되지 않는 회사가 있을 수 있을까요? 탐스가 바로 그런 회사입니다.

29세의 미국의 평범한 청년, 블레이크는 휴가를 받아 아르헨티나를 여행하게 되었습니다. 그 도중에 블레이크는 심한 가난에 시달리는 사람들을 만났습니다. 많은 사람들이 경험했을 가난한 아이들과의 만남은 이 청년에겐 특별하게 다가왔고, 블레이크는 그 만남을 만남에 그치지 않고 구체적인 행동을 하기에 이릅니다.

'알파르가타' 라는 아르헨티나 국민 신발이 있습니다. 디자인도 괜찮고 실용적이고 심플한 신발. 그 신발을 미국 등 선진국에서 팔고 그 신발 하나를 팔 때마다 아르헨티나의 가난한 어린이들에게 한 켤레씩 기부하면 어떨까? 놀랍게도 블레이크는 이 아이디어를 곧바로 행동에 옮깁니다.

'오늘 신발 한 켤레를 팔면 내일 신발 한 켤레를 기부한다' 는 간단명료한 개념을 가지고 더 나은 내일을 위한 신발(Shoes for a Better Tomorrow)이라는 슬로건을 갖게 됩니다. 이것이 내일의 신발(Tomorrow's Shoes)이 되었고, 다시 '탐스(TOMS)' 가 된 것입니다.

블레이크는 여행을 마치고 아르헨티나에서 돌아올 때 탐스 250켤레를 들고 미국으로 돌아왔습니다. 탐스는 이 이야기를 들은 친구들에게 다 팔려 나갔고, 여기에 탄력을 받은 블레이크는 본격적으로 생산을 하기 시작합니다. 좋은 취지와 '나쁘지 않은' 품질이 알려지면서 온라인 판매와 함께 입소문이 나기 시작하더니, 어느 순간 고객이 고객을 데려오기 시작했습니다. 이 마케팅은 선순환을 일으켰습니다. 그 다음의 폭발적인 성장은 앞의 선순환 진행도와 같습니다. 이 선순환은 지금도 진행 중입니다.

탐스는 신발이 아니라
한편의 감동적인 드라마

탐스는 뒤에 소개할 OLPC(One Laptop Per Child) 프로젝트와 비슷한 성격이 있습니다. OLPC가 노트북사업이 아니라 교육프로젝트인 것처럼 탐스도 단순한 신발사업이 아닌 것입니다. 타임즈 기자가 간파했던 것처럼 탐스는 매력적인 스토리텔링의 주인공으로 손색이 없었습니다. 아이들에게 신발의 의미는 마음껏 뛰어놀 수 있는 기본적인 도구이기에 탐스의 감동적인 스토리텔링은 날개를 달게 됩니다.

탐스는 뚜렷한 명분에 단순한 기부방식과 계산법으로 소비자들의 마음속을 파고들었습니다. 그리고 소비자들은 스스로 기꺼이 홍보요원을 자청했고, 그 홍보요원들은 다시 후원자로 진화합니다. 이런 신기한 현

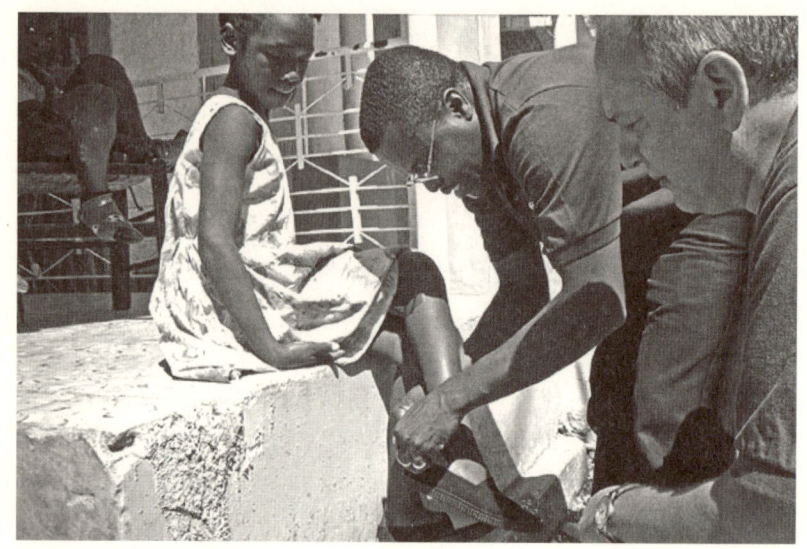

아이들에게 신발을 신겨주는 모습
출처 : www.tomsshoes.co.kr

상에 대해 언론들은 긍정적이고 훈훈한 기사를 앞다투어 내보냈습니다. 여기에 힘입어 탐스는 또 한 번의 도약을 하게 됩니다.

착한 것만으론 안 된다

중요한 사실은 한국에서 4만 9,000원에 팔리고 있는 탐스의 품질 자체도 나쁘지 않다는 점입니다. 보통의 캐주얼화 가격이라고 할 수 있을 만큼 비싸지도 싸지도 않은 적당한 가격에 괜찮은 품질, 디자인도 산뜻해서 한 번쯤 사 신을 만한 신발의 조건을 갖추고 있습니다. 여기에 탐스의 취지를 알게 되면 구입하는 데 망설일 이유가 없어집니다. 가격과 품질, 디자인이 모두 만족스럽다는 사실이 가장 중요합니다. 착한 일이라고 해서 소비자들은 지갑을 열지 않습니다. 사실, 착한 일 뒤에 숨겨진 '불편한 진실'을 우리는 종종 목격하곤 합니다. 이런 현실에서 탐스의 성공은 여러모로 특별하게 다가옵니다.

건강하고 바람직한 선순환의 모델을 제대로 보여주고 있는 블레이크와 탐스의 앞날에 더 큰 의미의 '성공'을 기원합니다.

**"한때 내가 살았음으로 인해
단 한 명의 삶이라도 더 편안해지는 것.
그것이 바로 성공"**
– 블레이크 마이코스키, 탐스 창립자 –

100달러짜리 노트북,
그리고 국가브랜드

'제대로 된 교육'의 최고봉은
'배우는 법을 가르치는 일'이다.
고로 나는 아이들에게 '배울 수 있는 방법을 손에 쥐어 준'이 일이
세상에서 가장 위대한 선순환의 출발이라고 생각한다.

국가브랜딩사업의 적정예산은 국방비 수준이다
왜냐하면, 국방비는 영토를 지키는 비용이고
국가브랜딩사업은 영토를 확장하는 사업이기 때문이다.
– 안단태 –

뚜렷한 명분에 뛰어난 엔지니어들이 몰려들었고, 회사들이 호응했다.

↓

아이들이 4시간씩 학교에서 충전해서 집에 가서 공부하고 부모들에게 글을 가르친다.

↻

더 많은 아이들이 학교에 가고 있고, 더 많은 어른들이 글을 깨우치고 있다

↻

미신과 야만에서 벗어나고 있으며 과학과 기술을 이야기하기 시작했다.

엄청난 명분이 있기에 기부금과 전문가들이 몰려들었다.

↓

최고 인재들의 재능기부가 원가를 낮추고 품질을 높였다.

생산량과 판매량이 커지면서 원가가 더욱 낮아졌다.

↻

더 많은 주문이 쏟아진다.

위대한 발상이 현실로

OLPC(The One Laptop per Child, 어린이 한 명당 노트북 한 대씩)는 매사추세츠 공과대학(MIT) 미디어 연구소의 네그로폰테 교수팀이 세운 비영리 단체이자 아이들에게 XO-1이라는 100달러짜리 노트북 컴퓨터를 보급하려는 프로젝트입니다.

캄보디아의 한 시골마을에서 어린이들에게 노트북과 노트북을 사용할 수 있는 환경을 만들어주었더니, 마을 전체가 획기적으로 변화되는 모습을 직접 목격한 MIT의 네그로폰테 교수는 이 엄청난 프로젝트를 범지구적으로 구상하고 실천하기에 이릅니다.

2012년 12월 현재, 이 프로젝트는 절반의 성공을 거두고 계속 진행 중인데, 전 세계 빈곤 국가를 중심으로 벌써 수백만 대를 판매(지원)했다고 합니다. 이 엄청난 프로젝트에는 세계 최고의 회사들과 전문가들이 참여하고 있습니다. 그야말로 세계 최고의 전문가들은 자금과 재능을 아낌없이 기부하고 있습니다. 무보수 CFO(최고재무책임자)를 구한다는 광고를 냈더니 기라성 같은 분들이 수도 없이 지원했다고 합니다.

여기에 확실한 선순환이 일어나고 있습니다. 최고들이 모여 원가를 낮추니 생산량이 늘어납니다. 그들이 모이니 또 다른 최고의 전문가들이 모여듭니다. 원가는 더 낮출 수 있습니다. 그런데다 품질은 우수해지니 많은 나라에서 주문이 이어지고 있습니다.

이 사업의 최초 창안자인 네그로폰테 교수는 이렇게 말합니다. '이 사업은 노트북 사업이 아니라 교육 프로젝트'라고 말입니다. 단순히

값싼 노트북을 만들어 가난한 나라의 어린이들에게 판매하는 사업이 아닙니다. 실제로 미국에서도 이 노트북은 판매되고 있는데 실제 가격은 188달러, 판매가격은 399달러랍니다. 나머지 211달러는 기부금으로 간주되어서 세금공제 혜택까지 받게 된다고 합니다. 게다가 그 돈으로 노트북을 한 대 더 사서 개발도상국 어린이들에게 보내집니다. 말하자면, 1+1입니다. 탐스와 같은 개념입니다.

노트북이 통일을 앞당긴다?

이 노트북은 한국에서는 판매되지 않고 있습니다. 아쉽지만, 이 노트북은 한국어 지원이 안 될 뿐 아니라 한국은 최빈국이 아니니까 당연한 일입니다. 그런데, 북한에 지원할 가능성은 있다고 합니다. 그런 날이 빨리 왔으면 좋겠습니다. 북한은 우리에게 아프리카나 중남미와는 차원이 다른 존재입니다. 같은 지원을 하더라도 여러 가지 생각을 할 수밖에 없습니다. 또 지원을 하고 싶다고 마음대로 할 수 있는 것도 아닐 테고요. 그런 의미에서 할 수만 있다면 반드시 이 노트북을 북한에 보내게 되는 날이 빨리 왔으면 좋겠습니다. 한국에서 40만 원짜리 노트북이 출시되고 한 대 팔릴 때마다 한 대가 북한으로 보내진다면 두 번 생각하지 않고 바로 구입할 사람이 많을 것이라고 생각합니다. 그것은 합리적 구매의 차원이 아닌 통일의 원동력을 구매하는 것이기 때문이겠지요.

교육이 선순환을 부른다

한국은 세계 최하위 빈국에서 세계 10대 강국으로 비상하는 데 불과 50년밖에 걸리지 않았습니다. 그것도 나라가 반으로 갈라져 국방예산으로 매년 전체예산의 15~35%씩을 쏟아 붓고 있는 실정을 생각하면 이러한 성장은 기적이라고도 말할 수 있습니다. 이런 기적을 교육이란 단어 말고 다른 것으로 설명할 수 있을까요?

이런 의미에서 한국이 저개발국에 수출해서 '영원히' 감사(感謝)받을 분야는 '교육' 이라고 생각합니다. 새마을 운동도 결국 교육에서 출발한 것이고, 높은 교육열도 교육이라는 큰 그릇에 담긴 하나의 문화입니다. 아이들에게는 밥과 의료가 우선입니다. 그러나 '언 발에 오줌 누기' 에 빠지지 않으려면 밥과 의료로는 부족합니다. 밥과 의료 그 자체로선 선순환을 일으키기 어렵기 때문입니다.

국가브랜드는 마케팅적 사고 필요

기왕에 교육이라는 개념이 선순환과 만났으니 주제를 조금 확대시켜 보겠습니다.

국가브랜드라는 것이 있습니다. 한 국가의 신뢰도와 호감도를 뜻하는 것인데요. 국제적으로 한 나라에 관계된 모든 것에 영향을 미치는,

대단히 크고 중요한 의미를 갖는 개념입니다. 그런데, 이 국가브랜드라는 것이 기본적으로 기업의 전략과 마케팅 개념에서 온 것이기 때문에 '포지셔닝'과 '차별화'가 중심에 서야 합니다.

싱가폴, 홍콩, 상하이, 서울, 도쿄는 아시아의 금융중심지라고 할 수 있습니다. 아시아의 경제중심지도 한국, 중국, 일본, 싱가폴 모두 표방하고 있습니다. 한국에는 휴대전화와 TV, 자동차 정도가 알려진 상품들입니다. 안타깝지만 특별히 뛰어나지도 뒤떨어지지도 않는 수준이라는 것입니다.

그래서 우리나라만 갖고 있으면서, 우리에게 긍정적인 영향을 미쳐 차별화시키는 개념이 있어야 한다고 생각합니다. 그런 것이 무엇이 있을까요? 한국인, 그리고 'From Korea'와 관련된 모든 것들에 긍정적인 시선을 집중시킬 그런 개념 말입니다.

강력한 국가 이미지, 교육과 유희

가장 먼저 떠오르는 것이 교육, 그 다음이 유희(놀이)라는 개념입니다.

한국이 저개발국가에 지원하는 원조는 모두 '교육'과 연관이 있어야 합니다. 그것이 대외원조의 대원칙이 됩니다. 의료지원을 하더라도 직접적인 치료는 부수적으로 따라붙는 것이고 의과대학을 설립해서 지원해주고 교류 시스템과 자생적인 선순환 시스템을 마련해주는 방식이 좋은 예일 것입니다.

단시간에 저개발국가에서 선진국 문턱에 진입한 한국의 성과를 현지에서 그대로 본받고 싶은 저개발국가의 미래 지도자들을 교육해주고 지원해주는 방식, 그래서 그들이 자국에서 한국의 좋은 점을 그대로 배워 적용할 수 있게 해주는 것입니다. 그리하여 장차 한국과 거시적으로 상당한 선순환이 일어날 토대를 만듭니다. 우리나라의 경우만 보아도 미국에서 공부한 사람들은 대부분 친미적 성향을 가지게 마련이고, 일본에서 공부한 사람, 유럽, 중국 모두 비슷한 흐름입니다. 마찬가지로 우리의 도움을 받아 교육시스템을 구축한 나라의 지도자들은 최소한 지한파(知韓派) 정도는 되겠지요.

아울러 이런 일련의 실천들은, 한국인들은 공부하는 사람들이라는 인식을 심어주는 결과를 가져올 것이라 예상합니다. 이를 통해 우선, Made in Korea의 모든 제품이 열심히 공부하는 사람들의 기술로 만들어진 것이라는 인상을 줄 수 있습니다. 국비유학생을 비롯해서 한국으로 유학을 보내려는 학부모들도 늘어나겠지요. 여기서도 선순환의 전형적인 모습을 봅니다. 한국의 교육원조 → 한국적 교육시스템 → 한국은 공부하는 나라 → 우수한 학생들 한국으로 유학 → 귀국하여 친한(親韓) 지도자로 성장↔ 한국으로 국비유학 등 유학생 지속 증가

이렇게만 끝난다면 진지하기만 한 나라로 이미지가 굳어질 수 있습니다. 일본인이 '죽어라고 일만 하는 경제동물' 소리를 들었던 기억이 납니다. 적절한 보완적 대안이 있어야 합니다. 또 실제로 우리 국민성이

그렇게 항상 심각하고 진지한 것만은 아니니까요.

그래서 '유희'를 생각했습니다.

한마디로 공부할 땐 공부하고 놀 땐 제대로 놀 줄 아는 사람들로 봐달라는 거지요. 평소에는 공부하고 이때다 싶으면 화끈하게 노는 그런 감각적이고 반전 있는 스타일. 이게 코리안 스타일이라는 것입니다.

문화를 전파하고 또 받아들이는 데 있어서 우리가 먼저 창의적으로 잘 놀 줄 아는 것은 여러모로 좋은 인상을 줄 것입니다. 싸이를 비롯한 여러 한류스타들과 드라마와 영화들이 한국의 좋은 이미지 형성에 이미 많은 기여를 하고 있습니다. 그것을 '이때다 싶으면 잘 노는 화끈한 나라(국민)'로 정리해서 포지셔닝 하자는 것입니다.

세계 최고의 대학 진학률 등 높은 교육열과 아시아를 선도하는 창의적 엔터테인먼트 문화는 우리나라의 훌륭한 자산이라는 것이 여러 분야에서 증명되고 있습니다. 이를 한국의 정체성으로 규정짓고 대외적으로 표방해버리자는 것입니다.

'공부할 땐 공부하고 놀 땐 노는 나라'

'일할 땐 열심히, 즐길 땐 신나는 나라'

한국을 동경하고 한국인을 흠모하는 사람들이 늘어나는 즐거운 상상을 해봅니다.

'교육과 유희'야말로 국가브랜드 향상 및 차별화된 국가 이미지를 형성하는 데 맞아떨어지는 아이디어라고 생각합니다. 여기에 선순환이 이루어질 수 있도록 한다면 더 이상 좋은 전략이 없겠지요.

채찍은 됐고, 당근만

얼마를 주느냐가 중요한 것이 아니라,
어떤 마음으로 주느냐가 중요하다.
– 테레사수녀, 노벨평화상 수상자 –

사람들을 더욱 열심히 일하게 만드는 유일한 방법은 바로 인센티브다.
– 흐루시초프, 전 소련 수상 –

성과를 내면 보너스를 주겠다고 천명했다.

↓

소위 당근과 사탕을 '먼저' 사원에게 주었다.

↓

사원들이 회사를 신뢰하고 의욕을 보이고 진정한 주인 의식을 갖게 되었다.

매출 생산성이 증가했다. 특허 등 아이디어가 봇물을 이뤘다.

매년 반드시 급여를 인상했다. 회사에 대한 신뢰와 각종 복지 제도는 상상을 초월한다.

이렇게 요약하고 간단히 적어놓긴 했지만, 미라이공업은 실로 놀랍기 그지없는 회사입니다. 창업자 야마다 아키오 회장과 미라이공업에 대한 '사실'을 이야기해 보겠습니다.

"공약(公約)이 공약(空約)되는 세상에 나중에 해주겠다는 말을 어떻게 믿는가? 먼저 당근과 사탕을 사원들에게 주어라."
잔업, 휴일 근무 없음
전 직원 정규직
70세 정년 종신 고용, 정리 해고 없음
업무 목표 없음
연간 140일 휴가 + 개인 휴가
3년간 육아 휴직 보장
5년마다 전 직원 해외여행

"기업 경영에서 가장 중요한 것은 사원의 의욕, 사장이 할 일은 사원들이 100% 능력을 발휘할 수 있도록 만드는 것."
"인간은 비용이 아니다. 또한 인간은 말이 아니기 때문에 채찍은 필요 없고 당근만 주면 된다."

이런 야마다 회장의 철학과 그 철학이 녹아든 제도와 정책을 펼친 결과, 사원들은 자발적으로 아이디어를 내고 그것들은 곧 우수한 상품 개발로 이어져 미라이공업 생산품의 98%가 특허 상품이 되었습니다. 이

중 일본 시장 점유율 1위인 제품이 10개가 넘고, 실용신안과 의장은 2,300건이 넘습니다. 회사의 사훈이 '항상 생각하라' 는 것인데 공염불이 아닌 진정으로 사원들의 머리와 가슴 속에 녹아 있다는 사실을 알수 있습니다.

오직 사람, 사람이 먼저다

일본의 격언에 '돈, 사람, 물건' 이라는 말이 있습니다. 그러나 야마다 회장은 오직 '사람' 만 있을 뿐이라고 말합니다. 따라서 이런 회사가 성장하기 위해서는 '사람' 을 소중히 대해야 하고, 사원에게서 의욕을 불러일으키는 수밖에 없다고 사업 초창기부터 생각했답니다. 다 그런 것은 아니지만 사업을 시작하면서 이렇게 생각하는 사람은 많습니다. 그러나 '소중한 대우' 를 받는 사원들조차 이건 아무리 그래도 너무 심하다고 생각할 만큼의 '소중한 대우' 를 사원들에게 해주는 회사는 거의 없습니다.

복지와 품질의 차별화

한편, 미라이공업의 또 다른 모토는 '미라이공업은 다른 것을 만든다. 타사와 똑같은 물건은 만들지 않는다' 는 것입니다. 동종 업계의 세계적인 기업 '마쓰시다전공'을 이기는 방법은 그것뿐이라고 생각했습니다. 차별 없이는 승부가 없다고 믿었고, 제품 자체와 품질의 차별화에 사운을 걸었던 것이지요.

요약해 보자면 이렇습니다. 첫 단계로, 미라이공업은 파격적 인센티브와 복지제도를 통해 사람을 소중히 대하는 사풍을 확립했습니다. 둘째, 이러한 사풍의 바탕 위에 '항상 생각하라' 는 모토를 더해 사원들의 역량을 아이디어와 특허 등 신기술 개발에 집중시킵니다. 셋째, 두 번째 단계를 성공적으로 완성시켜 차별화된 제품과 품질 개발에 성공합니다. 이를 선순환적 관점에서 보면, 먼저 베푼 작은 것이 선순환과 스노우볼 효과에 힘입어 커다란 성과를 낸 것이라고도 말할 수 있겠습니다.

감동적인 선순환

미라이공업을 감동적인 선순환의 사례로 선정한 것은 세 가지 이유에서입니다.

첫째, 미라이공업은 선순환이론의 가장 중요한 요소인 '먼저'를 제대로 실천했습니다. 그것도 아주 과감하고 멋지게. 인센티브라는 것은 "목표를 달성하면 주겠다"가 상식인데 그것을 뒤집었습니다. 먼저 복지라는 이름으로 인센티브를 나눠주었습니다. 공약(公約)이 공약(空約)이 되는 세태를 감안하여 그랬다고는 하지만 철학과 실행력이 없고는 흉내 내기도 힘든 일이었다고 생각합니다.

둘째, 선순환 실천법의 하나인 Back to the future 기법입니다. 미래의 이상적인 상태를 분명히 하고 그렇게 되기 위해 나만의 스타일로 어떻게 선순환시스템을 구축할 것인가를 고민하고 실천하는 것 말입니다. 야마다 회장의 자서전을 보면 회사를 처음 세울 때부터 그의 목표는 뚜렷했습니다. "사원들이 잘 사는 회사, 사원들이 기뻐하는 회사를 만들자." 그렇게 목표를 세우고 어떤 제도와 정책을 실행하면 사원들이 기뻐할까를 생각했다고 합니다. 회사를 주식시장에 상장하는 것에 대한 얘기가 나왔을 때도 처음으로 한 말이 "주식을 가진 사원들이 부자가 되는 일이니 좋겠군" 이었다고 합니다.

셋째, 미라이공업의 모토, 정책, 제도 곳곳에 선순환이 녹아들어 있습니다. 야마다 회장은 선순환의 개념을 잘 이해하고 있었고 실천했습니다. "사원들이 강한 의욕을 보이면 반드시 회사가 잘 돌아가게 된다. 회사가 잘 돌아가면 사원들에게 더 많은 혜택을 줄 수 있다. 그런 의미에서 사원의 의욕을 불러일으키고 사기를 진작시키는 방안을 강구하는 일은 사장이 해야 하는 일 중에서 가장 중요한 일일 것이다." "우리 회사의 정년은 70세로 일본에서 가장 길다. 사원들이 기쁜 마음으로 '회사를 위해 열심히 일해야지' 라고 생각한다. 경영자는 사원이 일하도록 하는 사람일 뿐이다."

결국, 사원이 기뻐하는 정책과 제도를 만든다. ⇄ 사원이 열심히 일한다. ⇄ 매출이 신장된다. ⇄ 사원이 기뻐하는 월급인상과 복지를 만든다. 이런 선순환을 제대로 보여주고 있다로 귀결되겠습니다.

모든 기준은
'사원이 기뻐할 것인가'

　　　　　　미라이공업의 사례를 공부하면서 '본
질적으로 성공이란 무엇인가' 에 대해 다시 한 번 생각해보았습니다. 모
든 기준을 '사원이 기뻐할 것인가' 에 맞추고 있는 미라이공업. 회사가
잘 돌아가야 하는 이유는 사원들에게 더 많은 혜택을 줄 수 있기 때문
이라고 굳게 믿는 회장. 이런 회사가 잘 될 것인가에 대한 답은 무척이
나 쉬워 보입니다. 선순환이 일어날 것이 확실하기 때문입니다. 반면,
세계가 인정하고 놀랄만한 매출을 이루고 있지만, 끊임없이 부도덕한
기업, 악덕기업, 노동자의 적, 정경유착 등의 비판을 달고 다니는 기업
도 있습니다. 역시 놀랄만한 순이익을 달성하고 있음에도 전체적으로
선순환이 일어나고 있다고 말하기 힘듭니다.

존경할만한 기업,
오래갈 기업

　　　　　　기업이 매출 규모로만 평가받는 시대
는 이미 지났습니다. 사람이 얼마를 버는지만으로 평가를 받지 않는 이
유와 같겠지요. 재산이 많다는 이유만으로는 존경을 받지 못하는 것처
럼, 매출 규모가 크다는 이유만으로 좋은 회사, 존경받는 회사라고 말

하지 않습니다. 개인적으로는 돈을 많이 벌고 안 벌고의 기준보다 삶의
질이 더 중요한 잣대가 되었고, 기업은 나누고 베풀고 함께 가는 경영
철학이 중요한 평가 기준이 되었으니까요. 개혁의 대상이 되는 기업과
본받고 널리 배울 수 있도록 연구의 대상이 되는 기업. 이 둘 중에서 어
떤 기업이 오래 갈 것인가에 대한 대답은 자명해 보입니다. 미라이공업
은 확실히 후자입니다.

원대한 플랫폼을 만들다

'사업에서 가장 피해야 할 것이 있다면 동업'이라는 말이 있다.

그런데 그 세계에는 또 이런 말도 있다.

'동업이 성공하려면 반드시 내가 손해 본다는 자세로 모든 일에 임해야 한다.'

개발자 70%, 운영회사 30%의 수익배분 원칙

↓

한국 대기업에서는 상상조차 할 수 없는 수익배분 비율이다.
미국 내에서도 좋은 대우다.
전 세계 개발자들의 몸과 마음이 움직이기 시작했다.

애플 스토어에 전 세계 개발자들이 자신만의 독창적인 아이디어로 어플리케이션을 만들어 올려놓기 시작했다. 신용카드 결제시스템 등으로 투명한 관리를 보장한다.

↓

어플리케이션의 왕국 애플 아이폰! 어플과 기능의 천국 애플 아이폰!
이미지가 굳어지고 사실이 그러하니 판매가 날개를 달 수밖에.

판매가 급증하니 좋은 어플은 더 몰리고 어플 제작으로 갑부가 된 사람들이 나타나기 시작했다.

이상(理想)적인 직업

1. 좋아하는 일만 하고 사는데 돈 걱정 없이 먹고 살 수 있는 것.
2. 나는 하고 싶은 일만 하고 내가 하기 싫고 어려워하는 일은 전문가가 다 알아서 해주는 시스템.
3. 한 번의 노동과 수고로움으로 가능하다면 오랫동안 수입이 들어오는 것.

대부분의 사람이 꿈꾸는 이상적인 직업의 조건이 아닐까 합니다. 특히 엔지니어들에게는 이 세 가지가 이상향 그 자체일 수 있습니다.

'애플'이 전 세계 엔지니어들에게 당신들의 꿈을 실현시켜 주겠다고 나섰습니다. 저는 애플이 어플리케이션 개발 분야에서 전 세계 엔지니어들에게 문호를 개방한 일을 그렇게 해석합니다. 그것은 하나의 사건이었습니다. 역시 엔지니어들의 마음을 누구보다 잘 알고 있는 스티브 잡스였기에 가능한 정책이었다고 생각합니다.

플랫폼이란, 이곳에서 유형 무형의 수요와 공급이 이루어진다는 개념으로 우리의 (5일)장과 비슷한 개념입니다. 사람들이 모여 있으니 사러갑니다. 또 사러 오는 사람들이 있으니까 팔러갑니다. 무엇이 먼저일까요? 우리 5일장에서는 상인이 고객도 되고 고객이 상인도 됩니다. 반드시 그런 것은 아니지만 플랫폼도 비슷합니다. 공급자와 소비자가 명확하긴 하지만 공급자가 소비자이기도 하고, 소비자가 공급자가 될 수도 있습니다. 그들이 제대로 섞여야 합니다. 그래야 플랫폼이고 그럴수록 확장성이 큽니다. 결국, 공급자와 소비자를 어떻게 한자리에 모으느냐로 플랫폼의 성공 여부가 달린 것입니다. 정보의 특성상 공급자가 먼저 움직여줘야 합니다. 초창기의 '지식in'에서 직원들이 총동원 되어 먼저 서로 묻고 답하기를 계속해서 자료를 축적하고 네티즌들을 불러들였듯이 말입니다.

wants를 찾아내 충족시키다

개발자들이 자발적으로 움직여주었습니다. 이유는 처음에 얘기했던 대로 개발자들의 wants를 제대로 자극했기 때문입니다. 엔지니어들의 wants, '내가 어려워하는 판매와 회계 정산을 알아서 투명하게 해주면서 높은 개발이익을 주세요. 그리고 한번 만들어 놓으면 책이나 음악처럼 저작권료를 주세요. 저는 제가 좋아하는 연구와 개발만 할게요.' 스마트폰이란 엄청난 플랫폼을 만들어놓고 그 위에서 마음껏 놀게 하기 위해 그들의 숨겨진 wants를 찾아내 충족시킨 것으로 보입니다.

애플은 전 세계 엔지니어들에게 먼저 베풀었습니다. 자신들의 우월적 지위를 최대한 내려놓은 것입니다. 회사 내의 엔지니어들이 어플리케이션을 만들어서 올려놓는 방식을 탈피해서 문호를 완전히 개방한 것도 알고 보면 굉장히 대단한 일인데 국경도 없애고 결제방식, 배분방식까지 투명하게 진행해서 엔지니어들을 열광하게 만든 것입니다. 그리고 그 핵심은 70:30의 수익 배분에 있었습니다.

지금 이 순간에도 애플은 어플의 왕국입니다. 그리고 그 어플이 전 세계 수많은 애플마니아들을 탄생시키고 있습니다. 먼저 베풀어서 선순환의 시스템을 구축했기 때문에 받은 당연한 보상이 아닐까요?

내부고객이 곧 회사

만일 당신이 고객에게 직접 서비스를 하고 있지 않으면
고객에게 서비스를 제공하고 있는 자에게 서비스를 해야 한다.
– 칼 알브레트 〈At America's service〉 중에서 –

– 리츠 칼튼 호텔 모토 –
우리는 신사 숙녀를 모시는 신사 숙녀들입니다.
(신사 숙녀가 아닌 사람들에겐 우리도 신사 숙녀가 아니라는 얘기다. 박수를 보낸다.)

같은 동작을 반복하는 생산직 직원들을 위해 해줄 수 있는 게 없는지 고민한다.

↓

작업 시작 전에 체조를 하는 안이 채택되었다.

↓

체조를 하려다보니 그보단 좀 더 재밌는 탈춤으로 전환한다.

↓

탈춤 추기 시작한 지 1년이 채 지나지 않아 요통과 어깨 통증을 호소하는 직원이 줄어들었다
(요통 75%, 어깨 통증 59% 감소).

↓

산재보험료 5,900만 원(2000년)에서 2,000만 원(2009년)으로 업계 최저로 떨어졌다.

↓

생산성이 향상되고 공장 내 작업 분위기도 한층 좋아졌다. 2,314일 무사고기록(업계평균의 5
배)을 달성했다.

↻

사원들의 급여도 올라가고 인센티브도 지급되고 이직률도 낮아지니 숙련된 직원들이라서 불량
률도 더 낮아졌다.

내부고객에게 잘하라

아침 조회 시간에 추는 탈춤 10분이 가져온 성과치고는 매우 놀랍습니다.

'내부고객에게 잘하라' 는 말을 마케팅에서 자주 합니다. 만족한 내부고객(직원)은 만족하는 고객을 만들고, 감동받은 직원은 감동받는 고객을 창출합니다. 또 만족하고 감동한 내부고객은 주인의식을 가지고 일합니다. 그러니 자기 일에 최선을 다하게 되고 결과물은 기대치의 100% 이상을 해낼 수 있습니다.

내부고객이 곧 회사 그 자체라고 말할 수 있습니다. 그것을 깨달아가는 기업들이 점차 늘어나고 있어 다행입니다. 갈수록 내부고객에 대한 관심과 배려가 커져가고 있는 추세입니다. 이것이 곧 선진 경영이고 고객 감동 아니겠습니까?

한편, 안타까운 것은 창의력 부족입니다. 구호만 요란하지 구체적으로 직원들 입장에서 시원하게 가려운 곳을 긁어주는 곳은 많지 않습니다. 그 가려운 곳을 긁어주는 '뭔가' 가 부족합니다. 내부고객이 지난날의 외부고객처럼 자신들이 무엇을 원하는지 모르고 있다는 것도 원인이 있습니다.

최근의 마케팅 트렌드는 이렇게 말하고 있습니다. 고객의 필요한 것(Needs)보다는 고객의 원하는 것(Wants)에 초점을 맞춰야 한다고 말입니다. 이때도 역시 문제는 고객들도 자신이 무엇을 원하는지 모른다는 데 있지요.

그래서 이 탈춤 사례는 시사하는 바가 큽니다. "하루에 탈춤 10분 췄다고 건강이 좋아졌다고? 신통하긴 하네"라고 생각할 수도 있습니다. 하지만 누군가는 이런 고민을 했을 것입니다. 생산직 직원들의 직업병을 낫게 해줄 수 있는 방법은 없을까? 생산직 직원들은 몸이 아픈데도 "이건 같은 자세로 하루 종일 일을 하니까 당연한 거야. 심하면 집에 가서 자기 전에 찜질이나 해야지"라고 대수롭지 않게 생각했을 것입니다. 앞서도 말했듯, 고객은 스스로 무엇을 원하는지 모르는 법이니까요.

다시 말해서, 그냥 '아침 체조 하느니 탈춤이나 춰 볼까' 라는 생각은 아니었을 거란 겁니다. 근본적으로 생산직 직원들의 입장에서 그들의 고충을 생각해보고 스스로도 간과한 고충을 해결하려 노력한 결과물이었습니다.

내부고객에게 충실하라는 말은 쉽지만, 진정성을 가지고 추진하는 기업이 얼마나 될까요? 또 그렇다 한들 정말로 그들에게 도움이 되는 아이디어로 문제를 해결하는 기업이 드문 것이 현실입니다.

내부고객의 Wants

감정노동자라는 딱 30년 된 신조어(新造語)가 있습니다. 판매 고객지원 등 고객을 직접 응대하는 서비스업 종사자들을 지칭하는 단어입니다.

우리나라 경제는 유래 없는 고속성장에 힘입어 제조업에서 서비스업으로의 전환이 급속히 진행됐습니다. 그런데 그 과정에서 서비스업에 대한 사회적 이해와 문화가 정착되지 않았는데도, 대기업을 중심으로 서비스 품질에 대한 기대수준을 지나치게 높여 놓았습니다. 결국 서비스에 대한 소비자의 요구 수준이 도를 넘을 정도로 높아지면서 기업들이 경쟁적으로 감정노동자들을 다그치고 있고, 그 결과 우울증 같은 감정노동 후유증이 심해지고 있는 실정입니다.

국내 굴지의 백화점 고객상담실에서 10년을 근무한 상담원의 인터뷰 내용입니다. 고객상담실 안에서 수없이 많은 고성(高聲)이 있었지만, 단 한 번도 회사 측이 직원 편을 들어준 적이 없었다고 합니다. 그 안에서는, 아니 그 백화점 어떤 곳에서도 인신공격이 아니라 더한 일을 당해도 직원은 고객에게 고개 한 번 똑바로 들 수도 없는 분위기랍니다. 정도의 차이는 있을지언정 우리나라의 모든 서비스업 관련 업체에서 똑같은 상황이 벌어지고 있을 것입니다. 지금은 정부에서 애써 외면하고 있지만, 머지않아 감정노동에 의한 후유증이 산업재해로 인정받을 날이 오리라고 봅니다.

각설하고, 이런 Needs를 바탕삼아 감정노동자들의 Wants를 생각해 보았습니다. 지금까지 고객은 왕이고 무조건 옳다고 했던 백화점이 갑자기 심판 봐줄 테니 억울하면 고객들하고 붙으려면 한번 제대로 붙어 보라고 할 수는 없는 노릇이겠지요. 그래서 감정을 억울하게 소비당한 직원(소위 진상고객에게 고객은 무조건 옳다는 사규에 의해 편들어주는 사람도 없이 죄인취급 당하기만 했던 직원)에게 관대한 심사를 거쳐 정도에 따라 위로금과 위로휴가를 주자는 것입니다. 지나친 감정노동으로 인한 우울증 등에 대한 힐링 치유프로그램도 회사에서 직접 운영하는 것도 좋은 방법입니다.

선순환을 기준으로 Wants를

위의 감정노동자 대상 아이디어에서도 선순환이 그대로 적용됩니다. 수준이하의 고객이 앞에서 별의 별 소리를 다 해도 전보단 훨씬 자괴감을 덜 느끼지 않을까요? 회사의 이미지를 위해 잘 참아준 대가로 회사차원의 적절한 보상이 있을 테니까요. 설마 이런 제도가 생겼다고 직원들이 일부러 고객의 화를 돋구겠습니까? 그런 것은 기우(杞憂)겠지요. 마음속에서 우러나서 더욱 친절해지는 선순환이 진행될 것입니다.

이렇게 내부고객의 needs 이면을 면밀히 들여다보면 선순환과 연관된 wants를 생각해낼 수 있습니다. 그리고 그 아이디어는 분명 내부고객의 사기를 고양시킬뿐더러 회사에도 이익으로 돌아올 것이라고 확신합니다.

선순환이라는 것은 말 그대로 순환합니다. 순환은 갈수록 얼마나 더 커질지 모르는 Snowball(눈사람)의 속성도 가지고 있습니다. 내부고객에 대한 진정성 있는 작은 배려 하나가 회사의 흥성(興盛)에 기폭제가 될 수도 있다는 것을 깨닫고 내·외부고객의 적절한 wants를 찾아내 실천에 옮기는 회사들이 많아졌으면 좋겠습니다.

Part 2
셀프 마케팅 아이디어

브랜드가 있는 도시락

반드시 그러하다는 믿음,
그것이 브랜딩의 최종 목적이다.
- 안단태 -

모든 비즈니스는 브랜딩이다.
- 책 제목, 홍성태 著 -

타겟은 대학원생, 연구원들, 대학병원 내 의료인들,
빠른 도시락 배달을 원하는 대학 내 모든 구성원들이다.

↓

빨리 배달할 수 있는 방법을 연구했다.

↓

메뉴는 한식, 양식으로 한정하고 반찬은 매일 바꾼다.
대학 내에 임시 배달 거점을 마련했다.

↓

경쟁업체에 비해 압도적으로 배달시간을 최소화했다(1~10분 사이).

↻

많이 팔리니 인력 규모가 늘어나 효율적인 배치가 가능하다.
일인당, 시간당 생산성이 향상되었다.

우선, 타겟팅

대학교 구성원들로 타겟을 명확히 했습니다. 규모가 좀 큰 대학 안에는 숙식을 대충 해결하면서 연구하거나 일하는 사람들이 상당히 많다는 것을 알았습니다. 특히 이공계가 발달한 학교들은 그 수가 천여 명에 이를 정도였으니 일반 학생들까지 생각하면 충분한 단일 시장이 된다고 생각했습니다.

그리고, 포지셔닝

'빠른 한/양식 도시락' 으로 포지셔닝하기로 결정했습니다. 특별하지 않은 보편적인 반찬으로 차려진 도시락을 만들었습니다. 뛰어난 맛은 아니지만 보통 집에서 먹는 무난한 맛을 추구했습니다. 다만, 메뉴를 한식과 양식 두 가지만으로 한정시켜서 점심, 저녁의 반찬들을 조금씩 바꾸는 방식을 선택했습니다. 다양성보다 간편하지만 적당히 맛있는 도시락을 만드는 데 힘을 기울였습니다.

확실한 차별화

메뉴의 컨셉을 단순하고 무난하게 정

하고 난 후, '빠름'을 차별화의 핵심으로 잡고 연구를 했습니다. 사실 한식과 양식 두 가지만을 메뉴로 정한 것도 빠른 배달을 하기 위한 방법이었습니다. 당시, 소위 경쟁업소라고 할 수 있는 중화요리, 도시락점들을 분석해보니 중국집은 배달이 상대적으로 빨랐고, 도시락집들은 배고파서 쓰러질 때쯤에야 도착할 정도로 배달 속도가 느렸습니다. 도시락이되 빠른 배달 서비스. 이 두 가지 장점을 동시에 만족할 수 있는 음식이 관건이었습니다.

일단, 도시락 용기부터 차별화하려고 직접 디자인해서 만들었습니다. 일회용기 규제 움직임이 있던 때라 미리 대비를 하는 차원이기도 했습니다만, 소비자에게 신뢰를 주는 중요한 요소이기도 했습니다. 역시 직접 디자인해서 '1472 일사천리' 도시락 로고까지 새긴 예쁜 도시락 가방이 탄생했습니다. 용기부터 차별화했던 것이지요. 전화번호도 080-080-1472, 080-7179-1472를 확보해서 빠른 배달 도시락집 포지셔닝에 일조했습니다. 1997년 분위기에선 대기업이나 할까 말까한 080시스템을 동네 도시락집에서 도입해 운영하니 하루는 경영학과 교수 한 분이 일부러 한가한 시간에 도시락을 주문해서 이것저것 물어보기도 했던 기억이 납니다.

그냥 조금 빠른 정도로는 강한 인상을 심어주거나 확실한 차별화를 이루기 힘들다고 생각했습니다. 그래서 빠른 배달 도시락의 확실한 이미지를 심어주기 위해 약간의 무리수를 두었습니다. 가장 많이 도시락을 주문하는 건물 가까운 곳에 커다란 아이스박스(보온 기능)를 가져다 놓았습니다. 보온과 미관상의 이유, 도난방지 등의 이유도 있었지만 당연히 빠른 배달을 하기 위한 일시적 '거점' 작전이었습니다.

당시는 삐삐가 유행하던 시기였습니다. 생각 끝에 학교 내 모든 건물에 번호를 붙였습니다. 수십 개 건물의 고유 번호가 적힌 표를 들고 '거점'에서 배달원은 기다리고 있고, 도시락집에서는 주문을 받자마자 바로 배달원의 삐삐에 건물번호와 방호수를 숫자로 남겼습니다. 한식은 1번, 양식은 2번. 마지막으로 각각의 주문 개수 순서였지요. 어떤 때는 주문한 지 일 분 만에 도착하기도 하고 늦어도 10분을 넘기지 않았습니다. 처음엔 사람들이 벌어진 입을 다물지 못할 정도로 놀라워했고 믿지 않는 사람도 있었습니다.

브랜딩! 반드시 그러하다는 믿음

소비자에게 믿음을 준다는 것은 역시 대단했습니다. 점심, 저녁시간에 '거점'으로 도시락을 계속 아이스박스에 담아서 나르는 배달원이 따로 있었고 도시락 가방은 금세 동이 났습니다.

선순환은 여러 방면에서 나타났습니다. 일단, 오토바이 기름 값이 적게 들었습니다. 빠름의 비결은 '미리 만들어서 그 근처에 가 있는 것'이었기 때문에 다른 업소와는 출발이 달랐고 유류비 등의 유지비도 적게 들었던 것이지요. 또한, 장사가 잘 되니 배달 직원을 두세 명 늘릴 수 있었습니다. 배달음식 장사를 해본 사람들은 모두 다 공감하는 것이 배달원들 관리가 어려운 일이라는 것입니다. 그중 가장 큰 어려움은 무단 결근인데, 배달원이 한 명이었을 경우에는 치명적이고, 두 명 있어도 한 명이 결근을 하면 머릿속이 복잡해집니다. 그런데, 배달원이 세 명이 넘어가면 인력운용이 급격히 원활해집니다. 이렇듯 선순환은 안정성이 보장됩니다.

마지막으로, 도시락집을 운영하면서 마케팅적 관점에서 중요한 사실 하나를 확실하게 깨달았습니다. 그것은 시장에서 반드시 통할 수 있는 한 가지를 정해서 그것 하나만 잘 하면 된다는 믿음이었습니다. 나머지는 무난할 정도면 됩니다. 소비자들의 머릿속에 한 가지를 확실하게 심어주는 것은 대단한 선순환적 결과를 낳는다는 것을 알았습니다. 그 후 적용하는 마케팅에서도 중요한 기준이 되었습니다.

잊을 수 없는 에피소드 하나가 있습니다. 하루는 도시락을 주문한 고객에게 전화가 왔습니다. 반찬으로 내보낸 꼬치가 상한 것 같다고 했습니다. 너무 놀라 한걸음에 달려갔습니다. 먼저 냄새를 맡아 보았습니다. 정말 시큼한 냄새가 났습니다. 순간 두 가지 생각이 들었습니다. '이게 상할 리가 없는데…', '먹어 보면 다를 수도 있어…'

먹었더니 정말 상했더군요. 많이 상한 것은 아니었지만 상한 것은 확실했습니다. 그리고 다시 든 두 가지 생각은 '인정하고 사과하고 환불 해드리고 서비스로 나중에 도시락 하나 드려야겠다' 와 '잘 모르겠다고 하고 이걸 다 먹어버려?' 결국 저는 두 가지를 다 선택했습니다. 상한 꼬치 다 먹고 사과도 하고 환불도 하고 나중에 도시락도 두 개 가져다 드렸습니다.

한 가지 분명한 메시지를 전달

이 도시락 가게의 성공 마케팅은 이렇게 정리해볼 수 있을 것 같습니다. 일단, 시장조사를 통해 시장을 나눈 다음 타겟을 분명히 했습니다. 동질감이 무척 뚜렷한 타겟이었습니다. 그리고 그들의 잠재된 Wants(빨리 오면서도 중국음식이 아닌 든든한 밥)를 파악했고 파고들었습니다. 메뉴 다양화 등의 다른 부수적이라고 생각되는 요소들은 과감하게 무시했지요. 그렇게 품질은 무난하여 그냥 편하게 먹을 만한 정도지만, 확실한 차별성이 있는 도시락을 만들었습니다.

가장 중요한 것은 시장에서 통할 가장 중요한 메시지인 '한·양식 단순메뉴를 번개같이 배달'을 일관되고 효과적으로(신속하다는 의미의 전화번호 1472 맞춤도시락가방) 전달했습니다.

결론적으로, 이 사업의 성공요인이기도 한 핵심키워드는 이렇게 요약됩니다. "성공에 결정적인 영향을 미칠 수 있으면서도 내가 잘할 수 있는 한 가지를 선택해서 확실한 차별화를 이룬다. 그리고 그 차별화 포인트를 다양한 방법으로 지속적으로 소비자 머릿속에 심는다."

www.foodtoday.co.kr

아무것도 하지 않는 것이 가장 현명한 투자일 때가 있다.
– 주식투자 업계 격언 –

구덩이에 빠졌다고 생각되면 나와라. 더 파지 말고.
– 서양 속담 –

내가 있는 지역의 배달음식점 정보를 온라인에서 한눈에 비교할 수 있게 한다.

↓

음식을 배달시켜 먹고 싶을 때 전단지 대신 찾는 인터넷사이트로 포지셔닝한다.

↓

아르바이트생 10여 명을 고용해 전국 배달음식점들의 정보를 취합하면서 동시에 인터넷 사이트에 올리기 시작했다.

↓

내가 있는 장소에서 배달 가능한 모든 음식점과 메뉴 정보가 시간대별로 특색과 함께 제공되었다.

↓

당시로선 다소 신기한 모바일 서비스(모바일 전용 사이트)까지 제공했다.

↓

아이템에 치명적인 결함이 있음을 깨닫고 서비스를 중단했다.

플랫폼을 만들다

2000년 벤처 붐이 한창일 무렵, www.foodtoday.co.kr 이라는 도메인을 확보하고 전국 배달음식점 정보를 한눈에 볼 수 있는 사이트 '푸드투데이'를 오픈했습니다.

"중식, 치킨, 피자, 족발/보쌈, 도시락 등 전국 모든 배달 음식점들의 정보를 수집해서 소비자들이 컴퓨터 앞에서 한눈에 파악할 수 있도록 하자. 그래서 배달 음식점과 관련해서 이 사이트가 배달 음식점과 음식을 시켜먹는 사람들, 양쪽 고객에게 일종의 플랫폼이 되도록 하자."

이런 취지와 목표를 가지고 패기 있게 출발했습니다.

아르바이트생 10여 명을 고용해서 서울부터 시작해서 전국 배달 음식점에 일일이 전화를 했습니다. 취지를 간략히 설명하고 이런 것들을 물었습니다. 배달 가능한 범위(행정구역이나 지형), 배달 가능한 시간, 주문 후 평균 도착시간, 메뉴의 종류 및 가격과 양, 서비스 유무, 기타 특이사항이나 홍보하고 싶은 것.

한 마디로 전단지보다 더 자세한 정보를 담으려고 노력했습니다. 이미 배달 가능 지역을 동단위로 입력했고 배달 가능 시간을 파악했기 때문에, 현재 내가 있는 위치만 입력하면 이 시간에 배달 가능한 음식 종류와 가게들을 실시간으로 검색할 수 있었습니다. 또한 이를 이용해 멀리 있는 사람에게도 음식을 배달시켜 줄 수 있었고, 다른 동네(한강 고수부지라든가 공원 등)에 가서도 얼마든지 음식을 주문해 먹을 수 있도록 했습니다.

한편, 야외나 컴퓨터가 없는 곳에서도 주문할 수 있었는데 그것은 모바일 서비스 덕분이었습니다. 이런 서비스는 지금은 누구나 생각할 수 있는 것이지만 그 당시에는 상당히 신선하고도 새로운 서비스였습니다. 반응은 물론 좋았습니다.

그리고 고객 이용후기 코너를 마련했습니다. 각 음식점페이지마다 이용후기 페이지를 만들어서 해당 배달음식(서비스)점에 대한 후기를 남기면 뽑아서 문화상품권 등 사은품을 제공해서 상당한 호응을 얻었습니다.

사이트에서 검색이 가능한 지역이 서울을 넘어서기 시작할 즈음에는 배달음식점에서 자신들의 정보를 고쳐달라고 전화나 메일이 오기 시작했습니다. 또 새로 개업을 하는데 정보를 넣어 달라는 음식점들도 계속 늘어났습니다.

매출도 전국적인 프랜차이즈를 운영하는 회사부터 점점 늘기 시작했습니다. 사업을 하는 가장 근본적인 이유인 매출도 전국적인 프랜차이즈를 운영하는 회사에서부터 일어나기 시작했습니다. 액수는 기대에 못 미치는 수준으로 시작했지만, 페이지뷰가 계속 늘고 있었고 서비스 지역이 넓어질수록 상황은 유리하게 전개될 것이 눈에 보이는 듯 했습니다. 이대로만 가면 플랫폼을 구축하는 데 성공할 수 있을 것만 같았습니다. 그리고 배달음식점뿐만 아니라 여기서 쌓은 노하우를 바탕으로 배달과 관계된 다른 업종으로도 진출할 계획을 가질 수 있게 되었습니다.

그런데, 사업이 안정적인 상태에 접어드는가 싶은 바로 그때 사업과 아이템 자체에 근본적인 문제가 있다는 것을 알게 되었습니다.

결단은 빠를수록

사이트를 오픈한 지 넉 달이 넘어가고 있을 때였습니다. 고객게시판에 올라온 글들 중에 이런 내용이 있었습니다. "푸드투데이에서 보고 전화했는데 이제 가게 안 한다는데요? 사이트 업데이트 잘 하셔야겠어요 ㅋㅋ" 처음에는 있을 수 있는 일이라 생각했습니다. 그러나 이런 문제가 또 발생할 것에 대비해야 했습니다. 그때만 해도 이 일로 사업을 접게 될 수 있을 거라곤 생각지도 못했습니다.

여러 번의 회의를 통해서도 이렇다 할 해결책이 나오지 않고 시간만 흘렀습니다. 그런데 똑같은 내용의 글들이 계속 올라오는 게 아니겠습니까. 당황스러웠습니다. 사태의 심각성을 깨닫고 구체적으로 문제를 파고들기 시작했습니다. 알고 보니, 2000년 당시 서울 시내에서만 한 달에 음식점이 4,000여 개가 문을 열고 그 비슷한 숫자가 폐업하고 있었습니다. 충격적이었습니다. 문을 여는 음식점 수는 그렇다 쳐도 거의 같은 수의 음식점이 폐업을 하고 있다는 사실은 정말 절망적이었습니다.

인터넷 사이트와 네티즌들의 특성상 한두 번 신뢰를 잃으면 다시는 푸드투데이를 보고 전화하지 않는다는 사실을 잘 알고 있었습니다. 당시의 상황은 근본적인 선택을 할 수밖에 없었습니다. 아무리 업데이트를 해도 망해가는 음식점들을 다 알 수 없는 일이었습니다. 문을 닫는 음식점들이 우리에게 연락해줄 리 없고 일일이 모니터링 한다는 것도 거의 불가능에 가까운 일이었습니다. 결국, 다른 이유가 전혀 없었던 것은 아니지만, 가장 결정적으로 '폐업하는 가게들' 때문에 사업을 접을 수밖에 없었습니다.

사업을 접으면서 물론 많은 것을 잃었지만 여러 가지 교훈을 얻었습니다. 그 쓰라린 교훈은 이후에 다른 사업을 하는 데 큰 도움이 되었습니다.

그렇게 잊혀져가길 바랐던 '푸드투데이의 실패'는 4년 뒤 매우 안타까운 모습으로 다시 세상에 모습을 드러냈습니다.

푸드투데이 실패의 전철을 야후가

야후코리아가 지역광고시장을 선점하겠다는 야심찬 포부를 가지고 지역정보검색서비스 '거기'라는 프로젝트를 출범시킵니다. 야후는 500억 원을 들여 전사적으로 '거기'를 전폭적으로 밀고 있었습니다. 언론을 통해 그 프로젝트에 대해 알게 되었을 때 야후에 찾아가고 싶은 마음마저 들었습니다. 하지만, 찾아갔어도 이미 때는 늦었겠지요.

야후가 추진하고 있던 '거기' 프로젝트는 '푸드투데이'와 기본적으로 같은 컨셉의 서비스였습니다. 전국 각 지역의 생활 밀착형 업소들을 모두 조사해서 그 정보를 사이트에 올려놓고 이용 평가 등을 바탕으로 지역 기반 광고시장에서 선점을 하겠다는 야심찬 계획이었다고 합니다.

잘 알다시피, 식당 뿐 아니라 모든 중소 소매점들의 수명은 길지 않습니다. 구체적으로 우리나라 소매업체들의 3년 생존율은 업종마다 차이가 있긴 하지만 당시에도 그렇고 지금도 매우 낮습니다. 3년만 지나면 '거기'에 있는 소매점들 중에 절반 이상은 없어진 업소가 된다고 합니다. KB경영연구소의 자료에 따르면 음식점이 3년 내에 폐업할 확률은 81.7%에 달했습니다. 주점과 유흥업소의 폐업 확률은 88.7%로 더 높았고요. 상황은 더 심각해졌습니다.

결국 야후의 '거기'도 '푸드투데이'가 넘지 못했던 산 앞에서 주저앉을 것이 불보듯 뻔했습니다. 야후가 아무리 돈이 많다고 하더라도 700만 개 업소를 관리하겠다는 것은 넌센스에 불과했습니다. 맨 처음 야후에서 '거기' 아이템을 가지고 회의를 할 때 '푸드투데이'의 경험을 5분만 들었더라면 아마 500억 원씩이나 투자해서 사업을 추진하진 않았을 것입니다.

참고로, 이 글을 쓰고 있는 동안에 야후는 '거기' 서비스를 중단했고(2012년 9월 27일), 곧이어 한국시장에서 철수하겠다는 발표를 했습니다(2012년 12월 31일).

타산지석(他山之石)

　　　　　　　사실 이 책에서 선순환으로 성공적인 모습이 아닌 글은 딱 두 개가 있습니다. 그런데 이 책을 통해서 사업과 인생에서 영감을 얻고 뭔가 의미 있는 일을 계획하시는 데 도움을 주는 것이 집필의 목적이다 보니, 다른 흐뭇한 얘기 못지않게 이 케이스도 도움이 될 듯싶었습니다. 뭔가를 하는 것 못지않게 하지 말아야 할 일을 제대로 판단하도록 도와주는 것도 중요한 일이니까요. 실제로, 이 글을 쓰면서 찾아보니 지난 5~6년간 푸드투데이와 비슷한 개념의 사이트들이 몇 개가 생겼다 사라졌더군요. 올해(2012년)에도 제가 1999년에 추진했던 푸드투데이와 똑같은 (정말 거의 똑같은) 사이트가 만들어져서 이제 막 서비스를 시작하고 있었습니다. 좀 알아봤더니 어림잡아도 이십 억 원은 족히 들었을 것으로 보였습니다. 투자를 받은 회사라도 마찬가지겠지만, 개인이라면 더더욱 막대한 자금을 투입해서 운명을 걸고 하는 사업일 테니 진심으로 잘 되길 바랍니다. 다만, 이 글에서 밝혔듯 제가 푸드투데이를 접게 된 결정적인 이유에 대한 해결책은 마련하지 못한 것 같아 마음은 조금 불편합니다.

세일즈맨의 세일즈맨을 위한 제언

세일즈는 데이트와 비슷하다.
저녁은 사주되 바라는 것은 없는 것처럼 해야 한다.
– 어느 세일즈맨의 고백 –

판매자와 구매자는 연인 사이와 비슷한 면이 있다.
마주보지 말고 같은 곳을 바라봐야 한다는 점에서.
– 안단태 –

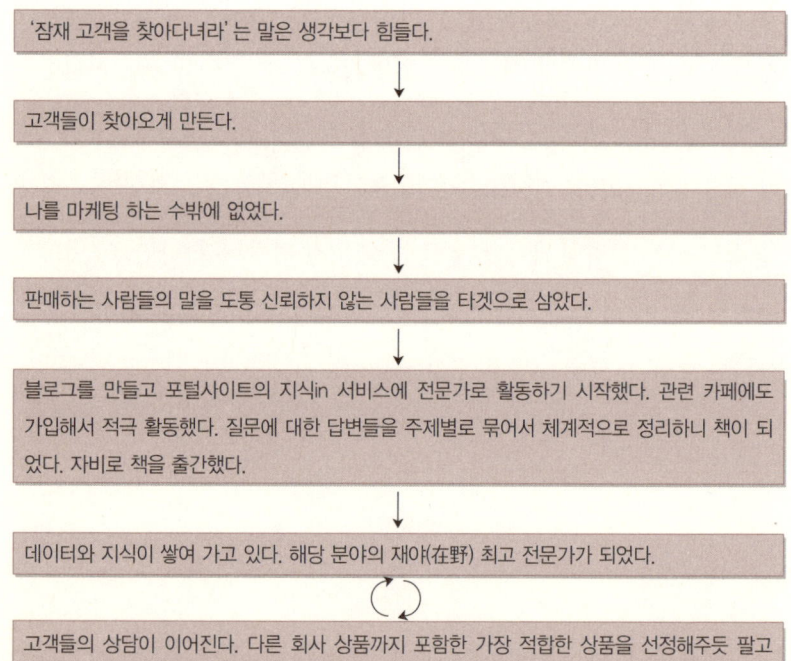

'잠재 고객을 찾아다녀라'는 말은 생각보다 힘들다.

고객들이 찾아오게 만든다.

나를 마케팅 하는 수밖에 없었다.

판매하는 사람들의 말을 도통 신뢰하지 않는 사람들을 타겟으로 삼았다.

블로그를 만들고 포털사이트의 지식in 서비스에 전문가로 활동하기 시작했다. 관련 카페에도 가입해서 적극 활동했다. 질문에 대한 답변들을 주제별로 묶어서 체계적으로 정리하니 책이 되었다. 자비로 책을 출간했다.

데이터와 지식이 쌓여 가고 있다. 해당 분야의 재야(在野) 최고 전문가가 되었다.

고객들의 상담이 이어진다. 다른 회사 상품까지 포함한 가장 적합한 상품을 선정해주듯 팔고 있다.

자주 묻는 질문 코너가
따로 있는 이유

대학생 때였습니다. 건축 박람회에서 건축자재를 전시 판매하고 있는 사촌형에게 놀러갔습니다. 부스 안에서 팸플릿도 보고 궁금한 것은 짬짬이 묻기도 하고 손님들과 상담하는 것도 들어보았습니다. 세 시간쯤 지났을까, 사촌형이 갑자기 급한 일로 나갔고 그 회사 직원과 저 둘만 남게 되었습니다. 그런데 갑자기 상담 손님들이 밀려들었습니다. 그냥 있을 수 없어서 직원인 척 간단한 상담을 해주기 시작했습니다.

진땀을 흘리면서 임기응변으로 대충 넘어가고, 자세한 사항은 명함을 주시면 나중에 연락드리겠다고 말하게 될 줄 알았습니다. 그런데 한 명씩 한 명씩 상담을 해주다 보니 계속 비슷한 내용을 묻는다는 것을 알았습니다. 일반 소비자들은 제가 처음 세 시간 동안 집중적으로 질문했던 내용에서 크게 벗어나질 않았던 것입니다. 결국 한 시간이 지나고부터는 '거의' 직원처럼 능숙하고 여유 있게 고객 상담을 진행할 수 있었습니다.

고객들의 궁금한 점은 대개 비슷합니다. 그것에 하나하나 대응하다 보면 느낄 수 있습니다. 그 답변들과 상담 내용들을 꾸준히 정리하고, 그것들을 다시 체계화시켜 놓는 것이 전문가가 되어가는 과정입니다. 그 과정은 그야말로 선순환이 그대로 적용되는 과정입니다. 단계 단계마다 재미를 느낄 수 있거든요.

공감이 먼저다

만약에 보험영업을 하고 있다면 처음부터 보험 상품을 팔려고 하는 것이 아니라 고객이 갖게 될 안심과 평화를 주제로 대화를 나눠야 합니다. 상품에 대한 지식은 완벽하게 알고 있지만 정보나 지식을 앞세워 다가서는 것은 결코 좋은 방법이 아닙니다. 자동차를 파는 것도 마찬가지입니다.

고객의 상황을 적절한 질문을 통해 파악해 가면서 고객이 가지게 될 편의와 품위 등의 가치에 대해 머릿속에 그림을 그려줘야 합니다. 고객을 대하는 과정은 고객의 문제점이나 상황을 공감하고 같이 해결하려는 태도의 연속이어야 합니다. 그냥 상품 판매에 대한 생각을 완전히 떨쳐 버리고 이해와 공감 그리고 질문에 대한 답변만 한다고 생각하는 것입니다.

그런 후에 경쟁사의 제품까지 포함된 다양한 정보와 전문지식을 객관적으로 알기 쉽게 정리해주고 솔직하게 경쟁사 제품이 더 맞을 것 같다면 과감히 경쟁사 제품을 추천해 주십시오. 한 번도 경험해보지 못한 서비스에 고객은 상담자에게 신뢰를 느끼게 됩니다. 그 변화를 직접 느낄 수 있을 것입니다. 진심으로 감동한 고객이 어떤 일을 벌일지는 누구도 예상할 수 없기 때문입니다.

나비를 찾아오게 하는 꽃이 되라

나비나 벌이 아닌 진한 향을 풍기는 매력적인 꽃이 먼저 되어야 합니다. 고객들이 어떻게든 찾아오게 만들어야 한다는 것입니다. 꽃이 거부할 수 없는 매력과 향을 내뿜어서 나비와 벌을 끄는 힘은 결정적으로 꽃이 움직이지 못한다는 것에 포인트가 있습니다. 움직일 수 없기에 생존을 위한 종족의 명운을 건 노력과 진화를 거듭해서 오늘날과 같은 강력한 매력과 향을 갖게 된 것입니다. 그런 절박함에서 우러나오는 확신과 노력이 고객을 불러들일 수 있습니다.

강력한 매력은 전문 분야에 대한 실력일 것이고 매혹적인 향은 인간적인 면모일 것입니다. 해당 분야에 대한 풍부한 지식과 경험은 고객들의 관심을 끌기에 충분합니다. 일단 관심을 끌었다면 치명적인 매혹의 향을 풍기는 일만 남았습니다. 합리적이고 냉철한 계산법보다는 인간적인 풍모를 보임으로써 상대가(고객이) 이익을 보았다는 느낌을 갖게 해주어야 합니다. 그래야 다른 벌이나 나비들에게 소문을 내줄 테니까요.

인간적인 전문가

소문을 낼 때 가장 어필이 되는 것은 '인간적인 전문가' 입니다. 전문가라는 말에 사람들은 신뢰도 느끼지만, 거리감도 느끼는 것이 사실입니다. 왠지 비쌀 것 같고 흥정도 안 될 뿐더러 바빠서 나에게는 정확히 정해진 시간 말고는 더 이상 상담을 해 주지 않을 것만 같은 사람이라는 부정적 이미지도 없지 않습니다. 최종 선택을 하기 전에 주춤거리게 만드는 전문가라는 단어가 가진 모든 안 좋은 면을, '인간적인' 이라는 한 마디가 말끔히 해소해줄 것입니다.

전문가적 풍모와 인간적인 넉넉함을 동시에 지녀야 합니다. 전문가 가 되기 위해서는 앞서 선순환 시스템에서 말한 것처럼 잠재 대상 고객 들의 질문과 가려운 곳을 찾아 답변해주면서, 체계적인 정리를 해 나가 야 합니다. 끊임없이 공부하고 진심으로 답변해주다 보면 그것들이 쌓 여 어느 샌가 진정한 전문가가 되어 있을 것입니다. 인간적인 풍모는 하루아침에 되는 것은 아닙니다. 그것은 가치관과 관련이 있는데 가장 도움이 되는 사고방식으로 하나를 들자면 바로 '역지사지(易地思之)' 의 자세입니다. 철저히 고객의 입장에서 생각하고 고객의 눈높이와 사 정을 헤아릴 수 있다면 그보다 더 인간적인 것은 없습니다.

보다 많은 분야에서 '인간적인 전문가' 의 탄생을 기대합니다.

굿아이템이 굿아이디어

Q: 어떤 사업을 해야 합니까?
A: 진입장벽이 높고 경쟁자들의 수준이 낮은 사업을 하면 성공 확률이 높습니다.

쌀장사는 진입장벽이 낮아서 문제였지만
경쟁자들 수준이 낮은 것은 또 긍정적이었다.

쌀은 누구든지 먹어야 한다. 쌀장수가 되었다.

↓

발신자확인 전화기를 설치하고 고객데이터를 확보하기 시작했다.
배달할 때 쌀 구입 주기 등을 물어서 파악한다. 그 시기가 되면 먼저 전화한다.

↓

배달원은 유니폼을 입고 쌀독에 쌀을 붓는 서비스까지 해주며 친밀감을 쌓는다.

↓

쌀 한 포에 우리밀 한 봉지씩을 사은품으로 증정한다.

↓

좋은 이미지와 함께 매출은 오르고 더불어 우리밀, 잡곡 등 기타 매출도 동반 상승한다.

↻

고객 데이터가 쌓이면서 영업지역에서 진입장벽을 갈수록 높인다.

어떤 성공한 남자배우가 인터뷰에서 이런 말을 했습니다. "사실 유복한 집안이었는데 저 혼자 힘으로 성공하고 싶어서 쪽방 생활하면서 대학로에서 연극으로 시작했어요." 그 말을 들으면서 저의 새파란 젊은 날의 '시도'가 떠올랐습니다. 그것은 바로 정주영 회장을 비롯한 많은 성공한 분들이 출발점으로 삼았다는 쌀장사였습니다. 약간 미소가 지어지는 것도 사실입니다. 하지만 마케팅적 관점으로 당시를 반추해보면 의미가 없는 것도 아니란 생각에 한 주제 삼아 다뤄봅니다.

먼저 다가가는 서비스

1995년 당시만 해도 쌀의 위상은 지금보다 훨씬 높았습니다. 지금은 밀가루 음식과 외식의 영향으로 옛날보다는 소비량이 줄었지만 당시만 해도 4인 가정에서 한 달에 20킬로그램 정도를 먹었습니다. 식구의 숫자만 파악하면 쌀 구입 주기를 대강알 수 있었습니다. 이렇게 예상을 한 날짜에 먼저 전화를 했습니다. 전화번호는 고객들에게서 설명을 하고 연락처를 받아놓거나 근처 슈퍼와 반상회 등에서 알아냈습니다. 그때만 해도 개인정보에 대해 예민하지 않아서 가능한 일이었습니다.

쌀장사는 이윤이 얼마 남지 않아서 주문이 오면 배달해주는 정도가 마케팅의 전부였었는데 쌀이 떨어져갈 즈음 먼저 전화를 하는 것은 신선한 일이었습니다. 전화를 해서 쌀이 떨어질 때가 된 것 같으니 지금 주문하면 우리밀 한 봉지를 서비스로 주겠다고 말하면 주문을 안 하는 집은 거의 없었습니다. 간혹 주문을 안 하는 집이 있었는데, 나중에 안 사실이지만 현금이 없어서였다는 걸 알게 되어 마음이 짠해진 기억이 납니다.

그 시절이 동네에서 쌀만 파는 쌀가게가 존재할 수 있었던 마지막 시기였던 것 같습니다. 대형마트의 등장과 인터넷쇼핑, 그리고 쌀 소비 감소, 박한 마진 등 수도 없는 불리한 시장 상황을 견딜 장사(壯士)는 없었습니다. 결국 제가 참여했던 쌀가게도 제가 손을 뗀 후로 일 년 정도 더 하다가 그만두게 되었습니다. 짧은 기간이었지만 돌이켜보면 아이템 선정이나 베푸는 마케팅에서 의미가 있는 경험이었습니다.

아이템 선정의 기준

저는 지금도 사업 아이템을 선정하거나 판단해야 할 때 기준으로 삼는 몇 가지 원칙이 있습니다. 그 기준을 세우는 데 쌀장사를 했던 경험이 어느 정도 영향을 미쳤다고 생각합니다.

1. 경쟁이 심한가

기존 경쟁자들의 수준은 어떤가. 진입장벽이 높은 편인가. 울타리는 남이 들어오기도 힘들지만 내가 나가는 데 방해가 될 수도 있습니다.

진입장벽도 마찬가지 양면성이 있습니다. 내가 들어가기도 힘들지만 역시 남도 들어오기 힘듭니다. 경쟁자들의 수준이 높고 시장마저 매력적이지 않은 분야가 의외로 많습니다. 컨설팅을 하다보면, 안에 있는 사람도 나오고 싶어 하는 곳에 무모하리만치 용감하게 들어가려는 사람들이 생각보다 너무 많다는 데 놀라곤 합니다. 결론적으로, 경쟁이 덜심하고 시장이 의외로 큰 곳이라면 일단 관심을 가져볼 필요가 있습니다. 만약에 경쟁이 심하거나 시장이 아주 작은 업종이라면, 뭔가 남다른 대단한 이점이 있는 아이템이어야 합니다.

2. 내가 성공하고 있을 때 남들이 쉽게 모방할 수 있는가

내가 성공의 궤도에 진입했을 때 잠재 경쟁자들에게 진입장벽을 얼마나 높일 수 있을 것인가. 특히 대기업을 비롯한 후발주자들의 유통과 물량공세가 나타나지 않겠는가. 결과적으로 대기업이 뛰어들어도 흔들리지 않을 만한 차별화가 있는지는 생각해보아야 합니다. 대기업만 사악한 게 아닙니다. 남들이 뭐 좀 잘한다 싶으면 정말 불나방 달려들듯 달려드는 사람들이 너무 많은 것이 현실입니다. 이를 욕하고 쫓아다닐 바엔 현실을 인정하고 미리 대비하면서 사업을 시작하는 게 낫습니다. 남들과 차별된 전략으로 성공하고, 쉽게 넘볼 수 없게 진입장벽을 쌓을 수 있는가를 아이템 선정 단계에서부터 고민해야 한다는 의미입니다. 다시 말해서, 사업을 진행하면서도 마찬가지고, 처음부터 냉정히 따져보았을 때 차별화가 안 될 것 같으면 근본적인 고민을 해야 합니다. 나만의 아이디어로 성공했는데 낮은 진입장벽의 문제로 공멸을 자초한 아이템이 많기 때문입니다.

3. 지속 가능한 분야인가

'졸면 죽는다' 는 말이 그다지 과장스럽게 들리지 않는 급변하는 세상에서 미래 지속 가능한 분야인가를 판단해야 합니다. 이것은 사실 전문가도 쉽게 얘기하기 힘든 부문입니다. 그래도 정리해보자면, 일단 기술(技術)과 관계된 것들은 재고(再考)해 보기 바랍니다. 특히, 특정 특허(特許)에 의존하는 아이템을 조심해야 합니다. 기술 분야는 그야말로 '졸면 죽는다' 의 대표적인 분야입니다. 소비자를 직접 상대하지 않는 업종도 위험합니다. 대기업 등에 납품하는 등 자신의 운명이 다른 회사의 손에 달려 있는 사업은 운신의 폭이 좁아 언젠가 결정적인 문제를 일으킬 수 있기 때문입니다.

그렇다면 무엇을 결론으로 삼을까? 인간 본능과 문화가 결합된 분야를 생각해봅니다. 희노애락(喜怒哀樂), 생로병사(生老病死)에 관계된 것이 해법입니다.

신뢰를 먹고사는 온라인 사업

"서울대 국문과를 졸업하고 한동안 사교육계에서 일했다.
대치동, 목동, 노원구 등에서 많은 학생들을 소위 명문대의 인기학과에 진학시켰다.
하지만 결국 그 모든 사교육이 불필요한 것이 아닌가 하는 고민을 떨치지 못했다."

– 이윤우, 〈4년 먼저〉 저자 –

성형 등 선택수술 시장이 급팽창할 것으로 판단했다.

↓

선택수술을 하려는 사람들이 사전에 정보를 얻는 pre수술사이트의 대명사로 포지셔닝하고 싶었다.

↓

가장 신뢰감 있고 유용한 정보는 해당 병원에서 이미 수술을 경험한 환자들의 수술후기라고 판단했다.

↓

'100만 원 수술상품권' 이벤트 등 사이트 활성화를 통해 4,000여 개의 수술경험담을 확보했고 진성회원만 2만여 명에 이르렀다.

↓

수술 병원들과 수술을 원하는 잠재 고객들 사이에서 영향력이 커졌다.

↓

선택수술 자체에 대한 회의와 사업 방식에 대한 불확실성 등으로 사업 철수를 결정한다.

처음 사업을 추진하기 시작할 때의 구상은 이랬습니다, 성형수술 등 선택수술 시장이 빠른 속도로 커지고 의료 광고에 대한 규제가 풀릴 것이라는 예상을 했습니다. 매우 강한 확신이 왔었고 온라인 오프라인에서 관련 산업을 대표하는 회사로 자리매김 하는 것을 목표로 삼았습니다. 더 깊은 머릿속에는 멀지 않은 장래에 영리병원 허용에 대한 예상과 전면 개방을 했을 때 그 시장에 대한 관심도 있었습니다. 일단 영리병원이 가져올 부작용 등에 대한 고민을 깊게 할 일은 아니어서 냉정한 판단을 통해 생각해보았습니다. 성형수술도 마찬가지였습니다. 부작용에 대한 부분을 진지하게 고민해야 할 일인가에 대한 개념은 거의 없었습니다.

사업에서 법과 제도는 결정적 요인

첫 번째 예상은 적중했습니다. 분위기가 무르익었다 생각을 하긴 했지만, 생각보다 빨리, 또 일사천리로 의료 광고 규제가 완화되었습니다. 그것도 거의 일반 광고와 무차별할 정도로까지 풀렸습니다. 그때가 2005년도 말쯤이었습니다. 그 법률 개정은 이 사업에 날개를 달아주는 격이었습니다. 수술을 중심으로 운영하는 병원들이 광고를 주로 할 것이고 그중에서도 성형 등 선택수술을 하는 병원들에게 광고는 필수일 수밖에 없었습니다. 실제로 지금은 많은 의료 관련 광고가 넘쳐나고 있습니다. 그중 성형외과와 안과, 피부과 등 선택수술 관련 광고가 대부분입니다.

한편, finddoctor 사이트는 순항을 거듭하고 있었습니다. '100만 원 수술상품권' 이벤트가 큰 호응을 불러일으켰고 수술 경험담이 수천 개가 올라왔습니다. 인적 사항을 자세히 기술하고 관심 있는 수술을 모두 빽빽하게 기록한 진성 회원만도 2만여 명이 넘었습니다. 사이트에 대한 신뢰를 확보하기 위해 최선의 노력을 기울인 결과였다고 생각합니다. 사이트의 정보는 병원의 영향권에서 완전히 벗어난 객관적인 것이어야 한다고 믿었고 그 신뢰를 확보하는 데 사활을 걸었습니다. 좀 다른 맥락이긴 하지만, 100만 원 수술상품권 이벤트가 수술하고 싶은 사연을 받아 회원들의 투표로 당첨자를 뽑는 방식이었던 것도 신뢰를 주었습니다. 그런데, 그 이벤트는 결과적으로 이 사업에 대해 다시 한 번 생각하게 만든 계기가 되었습니다. 그 이유는 간절한 사연이 너무 많았던 것입니다.

이벤트는 비용이 하나도 들지 않았습니다. 당첨자들에게는 전국 어떤 병원이라도 수술할 병원을 정해서 연락을 달라고 했습니다. 100만 원을 넘는 수술비는 본인이 부담하기로 했지만 어느 정도까지는 회사에서 해결하려고 했습니다. 해당 병원에 찾아 가서 사이트와 회사를 소개하고 이벤트의 취지를 설명하면 수술을 협찬해주는 방식이었습니다. 병원 홍보 효과는 병원 기대치의 열 배 이상이었던 것으로 기억합니다. 이 방법은 KBS와 보건복지부에서 문제를 제기해 법정까지 가서 나름 치열한 공방을 벌인 사건이 되었고, 결국 이 소송은 이겨서 판례로 합

법적인 마케팅으로 기록되어 있습니다.

사업을 그만두게 된 데에는 '100만 원 수술상품권' 이벤트와 관련된 소송도 한 이유가 되긴 했습니다. 법적 결판이 나기 전에는 투자를 유보하겠다는 투자자의 확고한 의지 때문에 투자 직전에 벌어진 일이 야속하게 느껴지기도 했습니다. 그러나, 더 중요한 이유는 따로 있었습니다.

성형수술은 양날의 칼

사업을 하던 도중 발목에 금이 가서 병원 신세를 지게 된 일이 있었습니다. 며칠 통원 치료 후 담당 정형외과 전문의는 끝까지 수술을 주장했습니다. 마침 저와 동갑이었던 그는 자신이라면 당연히 수술을 선택하겠다면서 평생 가져갈 고통을 안다고 했습니다. 몹시 흔들렸습니다. 반면, 재활의학과 전문의인 친구는 전화 통화만으로 감을 잡더니 절대 수술하지 말라고 목소리를 높였습니다. 갖가지 사례를 생생하게 들면서 말이죠. 상당히 혼란스러웠습니다. 제가 운영하는 사이트가 소개하는 갖가지 수술에 비하면 그 정도는 안전성 측면에서 중하 정도에 해당하는 것이었습니다. 하물며, 성형에 대한 부작용 발생 건수와 정도는 사실 일반인들에게 알려진 것보다 심각합니다. '구더기 무서워 장 못 담그랴' 는 말에도 당연히 일리는 있습니다. 또한 성형으로 인생이 바뀐 엄청나게 긍정적인 사례 또한 많습니다. 그럼에도 불구하고 스스로 성형수술 등 선택수술에 대해서 자기 확신이 들지 않았습니다. 가장 큰 문제는 부작용을 비롯한 안전성 문제였습니다. 설사 당장은 괜찮아 보이더라도 몇십 년 후의 장담 못할 사례들이 가치관을 혼란스럽게 했습니다.

회사 이름과 사이트 이름이 '파인드닥터' 였습니다. '의사를 찾아라' 라는 뜻인데, 어느 샌가 '진정한 의사를 찾아 드립니다' 가 되어 있었던 것입니다. 가장 혼란스러웠던 것은 과연 수술이란 것이 만병통치약인가. 아니 만병통치는 어림도 없고 이것이 추천할 만한 바람직한 일인가에 대한 고민이 갈수록 커졌습니다. 선택수술은 차치하고라도 말이지요. 결국, 미련이 많이 남는 사업이었지만 정리했습니다. 장차 의료분야 전체로 확대하려던 사업 계획은 첫 단계에서 시련을 맞게 된 셈이지만 여러 가지 의미가 있는 시간이었습니다.

책임질 수 있는 사업만

자기확신이 없는 사업은 결코 선순환시스템을 구축할 수 없다는 교훈을 얻은 사업이었습니다. 그리고 나 스스로 사회와 인류에 기여를 하는 건강하고 바람직한 사업이라고 믿는 일이 아니면 안 된다는 교훈 역시 얻었습니다. 선택수술이라는 영역 자체가 바람직하지 않다기보다는, 돈 때문에 연결하고 잘못 될 가능성에 대해서는 눈감고 모른 체 해야 하는 사업의 무책임함이 싫었던 것입니다.

선순환, 신뢰 등의 단어와 가장 잘 어울리는 분야가 온라인을 이용한 사업 분야입니다. 고객을 상대적으로 쉽게 유치할 수 있고 또 쉽게 떠나보낼 수 있으니까요.

오프라인 사업도 마찬가지겠지만 특히 온라인 사업에서는 결국 어떻게 신뢰를 확보하는지가 처음이자 마지막 관건이고, 그 신뢰에는 사업자의 정직은 물론, 아이템과 운영 방식에 대한 부분과 내/외부 고객을 향한 떳떳함도 포함되는 것이라고 지금도 믿고 있습니다.

경험담이 주는 무한신뢰

임산부에게 먹일 영양제를 고르고 있었다.
주저하고 있던 나에게 확신을 준 것은 여약사의 한마디였습니다.
"저도 애가 둘인데 이거 먹었어요. 가격대비 제일 나아요."
– 2012년 1월에 겪은 일 –

남성 성(性) 클리닉에서 수술상담을 하는데 고객들이 머뭇거리고 있다.

상담하는 남자 간호사들에게 원하는 남성수술을 해줬다.

이후 수술상담 시에 '제가 해봤는데 괜찮아요'라며 남자 간호사들이 자신의 수술부위를 보여준다.

의사가 상담하는 것보다 남자 간호사의 상담이 수술 예약률을 높였다. 병원매출도 당연히 올랐다.

남자 간호사들은 성과급을 받기 시작했고, 새로운 시술에 적극 참여하기 시작했다.

먼저 베풀기의 일환 080

남성수술전문 클리닉을 전문의 두 명과 함께 경영할 때의 이야기입니다.

일단, 수신자부담전화 080 전화번호를 도입하고 광고를 시작했습니다. 동시에 무료상담전화를 받았습니다. 1998년 당시는 핸드폰이 막 대중화되기 시작한 시기여서 핸드폰을 가지고 있지 않은 사람이 더 많았고, 요금도 꽤 비쌌습니다.

그런데도 상담전화는 대부분 핸드폰으로 해왔습니다. 아마도 혼자 조용한 곳에서 할 이야기이기 때문이었겠지요. 일단 핸드폰 요금 부담이 없어지자 고객들의 상담전화가 몇 배로 늘었습니다. 뿐만 아니라 한 번 전화한 잠재 고객들과의 상담 전화 시간이 훨씬 길어졌지요. '이 통화의 요금은 우리가 부담한다. 080이란 게 그런거다' 라고 설명하니 자연스레 대화는 더 길어졌습니다.

그렇게 '펑펑' 써도 전화요금은 한 달에 60~70만 원 정도였습니다. 당시 수술 종류에 따라 다르지만 한 사람 수술비가 보통 50~300만 원 정도였으니 비용대비 아주 괜찮은 마케팅이었습니다. 하기야 080은 그 자체로 선순환을 일으킬 수도 있는 기법이니까 당연한 결과였습니다. 아무튼 그거 하나만으로도 경쟁병원들에 비해 차별화된 경쟁력을 갖춘 셈이었습니다. 전국에서 병원단위로는 최초 시도였으니까요.

역시 결론은 '공감'

잠재 고객들과의 접촉 횟수와 대화 시간을 획기적으로 늘리는 데 성공한 후 다시 또 '뭔가'를 찾기 위해 직접 상담을 해보기로 했습니다. 상담횟수와 시간을 늘린 것만으로도 수술환자가 늘었으나 전체적으로 상담의 양에 비해 실제 수술로 이어지는 비율은 낮았습니다. 그래서 일단 남자 간호사들의 상담 내용을 스피커폰을 통해 들으면서 잠재 고객들의 깊은 속마음을 파악해보려 노력했습니다.

아직도 한국 남자들에게 성(性)문제는 고민거리지만 드러내놓고 상담을 받는 주제가 아니었습니다. 대부분의 한국 남성들이 음지(陰地)에서 성교육을 받아서 그런가 봅니다. 아무튼 그런 음지(陰地) 심리가 상담 내용 전반에 흐르고 있었습니다.

며칠의 연구 끝에 얻은 제 결론은 '공감'이었습니다. 고객의 말 못할 고민을 공감해주는 것이야말로 상담의 핵심이고 타 병원과 차별화의 시발점이었습니다. 우선 그들의 고민에 대해 공감할 수 있는 현재 상태를 점검했습니다. 의사, 간호사들과 거의 매일 회의를 했습니다. '공감하기'를 바탕으로 한, '저도 해봤는데 아무렇지도 않던데요'는 그렇게 나왔습니다.

진짜 고객이 되어 보는 것보다 더 고객의 마음을 이해할 수 있는 방법이 또 있을까요? 고객의 마음이나 입장이 되어서 생각해보는 것이 60점이라면 진짜 고객이 되어서 경험해보는 것은 80점이라고 생각합니다.

그렇다면 그 상황에서 진짜 고객이 되어 본다는 의미는 무엇일까요? 역시, 직접 수술을 받아 보는 수밖에 없었습니다.

상담을 직접 하는 남자 간호사들에게 원하는 '남성수술'이 있냐고 물었습니다. 두 명이 응했고, 서로 마음 변하기 전에 한 시간도 안 되어 수술이 시작되었습니다.

저도 해봤는데요

그리고 그 남성수술전문클리닉에서는 이런 상담이 오가게 되었던 것입니다. 예상했던 그대로.

고객 A : 부작용이 걱정 되는데….

상담간호사 : 물론, 수술이란 게 잘못 될 수도 있지요. 근데 저도 해봤는데 아무렇지도 않던데요.

고객 B : 얼마나 지나면 원상 복귀 될까요?

상담간호사 : 사람마다 다른데 저는 보름쯤 지나서 사용해봤는데 쓸 만하던데요.

고객 C : 수술하고 나면 목욕탕 같은 데서 완전 티나지 않을까요?

상담간호사 : 뚫어져라 보지 않으면 잘 몰라요. 제 것 한번 보실래요?

의사들의 의학적인 상담보다 자기들이 할 수술을 똑같이 경험한 간호사들의 툭 툭 던지는 말에 상담환자들은 훨씬 공감하는 것이 눈에 보였습니다. 당연히 병원 매출도 신장되었고 간호사들은 몸과 마음을 다 바쳐 일한 보상을 받았지요.

수술이라는 영역, 특히 건강상의 이유가 아닌, 소위 선택수술에 대한 가치판단은 논외로 치겠습니다. 미용이나 자기만족의 영역에 해당하는 선택수술은 말 그대로 선택의 여지가 있는 수술입니다. 의사가 강권할 수 없는 이유입니다. 따라서 심리적으로 불안한 상태일 수밖에 없고 빠른 결단을 내리지 못하고 주저하는 것이 당연한 일입니다. 이것을 간파하고 '공감'이라는 기조아래 구체적 실천으로 상담원들에게 '똑같은 경험'을 하게 한 것이지요. 당시 일은 마케터로서 제게 '공감'이라는 대원칙을 머리와 가슴에 깊이 새기는 계기가 되었습니다.

마케팅의 기본은 심리학

사람들은 자신을 도와준 사람과 자신이 도와준 사람 중 누구에게 더 끌릴까?
어려운 질문이다.
그래서 이렇게 생각해보았다. 좀 극단적이긴 하지만.
나를 가장 많이 도와준 사람은? 당연히 우리 부모님이다.
그렇다면 내가 가장 많이 도와준 사람은? 그건 내 자식들이지.
부모와 자식, 누구에게 더 끌리냐의 문제군.

식당을 할 때였다. 당시 나는 20대였고, 음식장사와 관련된 책을 썼고 나름 혈기와 이론이 갖춰져 있었다. 그런데 조금 지나다 보니 사람들이 나를 가르치려 든다는 것을 깨달았다. 사람들은 가르치려 들었다.

선배건 후배건 교수건 학생이건 남자건 여자건 친하든 안 친하든 모두들 의견이 있었고 가르치려 들었다. 음식장사는 그런 것이었다. 무시도 해봤고 싫은 기색도 내보았지만 조언이랍시고 달려드는 사람들을 막아낼 재간이 없었다.

결국 나는 기분 나쁜 조언을 듣느니 내가 먼저 조언을 구하기로 했다.

그랬더니 놀라운 일이 벌어졌다. 주인의식을 갖는 사람들이 늘어나기 시작한 것이다. 개중에는 꽤 쓸 만한 아이디어들도 있어서 반영하기도 했는데 그들에겐 꼭 감사의 표시를 했다.

그런데 그마저도 반응이 좋았다. 감사의 표시를 받은 사람들은 단골을 넘어서 자신의 가게인 양 사람들을 데리고 왔고 자신의 의견이 반영된 가게 시스템에 대해 자랑스레 이야기했다.

그때마다 나는 그 '단골'에게 더 폼 나는 서비스를 해주었다.

경영학의 바탕, 심리학

　　　　　　　　심리학에서 배운 것 중에 이런 게 있습니다. 사람은 자신을 도와준 사람보다 자신이 도와준 사람에게 더 호감을 느낀다고 합니다. 조금이라도 내가 도움을 준 대상이 어떻게 커나가는지, 자신의 도움이 얼마나 도움이 되었는지에 대해 실제 행한 것보다 더 관심과 기대를 갖는다는 뜻입니다.

　그런데, 그 이유보다 사람들의 가장 큰 관심은 도움을 준 자신과 자신의 행동에 대해 상대방이 얼마나 감사하는지에 대한 기대일 것입니다. 그 기대와 돌아오는 결과에 대한 괴리가 클수록 실망과 배신감으로까지 이어지는 상황이 올 수도 있겠지요. 그러나 역으로 자신들의 의견이 도움이 되었다면서 진심어린 감사의 인사를 받는다면 큰 기쁨을 느낄 뿐 아니라 더 큰 도움을 주고 싶습니다.

　돕는다는 것은 객관적인 수치로 표현할 수 없습니다. 심지어는 상대방이 어떻게 받아들이느냐에 따라 자신은 (+)라고 생각했는데 상대는 (−)라고 기억할 수도 있습니다. 그렇기에 조언이나 조력은 신중하고 세심한 배려 속에 이루어져야 하지만 현실에서는 그렇지 못합니다. 그것은 진정으로 상대를 위한다기보다는 당장 자신의 느낌과 기분에만 충실한 경우가 많아서일 수도 있습니다. 따라서 경청하는 자세를 견지하되 옥석 가리기는 필요하겠지요.

몇 배로 돌아오는 선물

일단, 가게 또는 사무실이나 회사에 어떤 의견이든 고객의 의견은 신중히 검토할 것을 약속한다는 문구와 선물도 있다는 문구를 붙여놓습니다. 그리고 손님들의 의견은 진심으로 긍정적인 자세로 경청합니다. 그리고 좋은 의견은 실제 반영도 하고, 경우에 따라서는 꽤 큰 상품도 아까워하지 않는 통 큰 마인드가 있어야 합니다. 그 선물은 대부분 몇 배나 몇 십배로 돌아오게 되어 있습니다.

더불어 경청하는 자세는 말하는 사람을 뿌듯하게 하는 묘약입니다. 자신의 의견이 반영이 안 되더라도 경청하는 자세를 느꼈으면 사람들은 그것으로 대부분 만족합니다. 이때도 역시 작은 성의 표시가 매우 큰 도움이 됩니다.

언뜻 생각해보면 조언을 구한다는 것은 '먼저 베풀라'는 선순환의 대원칙에 반하는 내용일 수도 있습니다. 그러나 한 번 더 생각해보면 조언을 구한다는 말은 내가 웃으면서 먼저 손을 내민 것이라고 볼 수 있습니다. 이는 선순환을 향해 가기 위해 '내가 먼저 무언가를 한다(먼저 베풀라)'라는 대원칙에 정확히 부합하는 일입니다.

도움을 요청하라

한편, 진지하게 조언을 구하고 감사

의 표시를 하는 사람들에게는 부탁도 쉽게 할 수 있게 됩니다. 가게를 한다면 다른 고객들에게 소개해 달라는 부탁을 할 수도 있겠고, 사적인 부탁도 훨씬 어렵지 않게 할 수 있습니다. 그러나 자신도 도움을 받은 사람에게 받은 만큼 돌려주어야 선순환이 가능해지겠지요. 인간관계에서도 이 선순환의 논리는 자연스럽게 적용될 수 있을 것입니다.

그러나 의외로 식당이든 다른 업종이든 소매업을 하는 사람들 중에 자신의 가게에 온 사람들에게 다른 손님들을 소개시켜 달라는 말을 하는 사람이 거의 없다는 사실입니다. 희한한 일이지요. 돈 들여서 광고는 해도 그 간단하고 쉽고 효과적인 일을 하지 않는다니 말입니다. 그 이유는 남에게 '부탁' 한다는 것에 대한 부담감 때문일 것입니다. 부탁과 구걸을 혼동하고 있는 것은 아닌지 생각해볼 대목입니다.

심리학에서는 친해지고 싶다면 작은 부탁을 먼저 하라고 합니다. 처음 보는 사이에서도 가벼운 부탁 정도는 하라는 것이지요. 거절당하는 것에 대해 거리낌이 없을 정도의 작은 부탁을 하고 그것을 들어주는 과정을 한 차례 이상 거친 사이는 동료 의식이 어느 정도 싹트기 시작했다고 생각합니다. 그리고 나서는 서로 가까워지든 적당한 관계를 유지하든 상황에 따라 달라지겠지요. 이는 한번 해보면 대단히 효과적인 검증된 이론입니다. 비단 영업과 마케팅이 아니더라도 인간관계에서 선의(善意)로 얼마든지 활용할 수 있는 방법입니다. 결코 부담스러워 할 일이 아닌 것입니다. 부담스럽지 않은 부탁은 얼마든지 상대방에게도 기분 좋은 일일 수 있다는 사실을 잊지 말길 바랍니다.

다른 손님들도 좀 소개시켜 달라는 말과 함께 눈을 마주치면서 작지만 성의가 느껴지는 선물은 받는 사람 입장에서는 이미 자기 조카가 가게 하나 낸 거나 다름없습니다. 물론 이 방법은 사람의 성향에 따라 효과적일 수도 그렇지 않을 수도 있습니다.

그러나 일반적으로, 부담스럽지 않은 작은 부탁과 부담스럽지 않으면서 성의가 느껴지는 작은 선물. 이 두 가지가 합쳐졌을 때 상당히 큰 결과를 낳을 수가 있다는 것입니다. 마음먹기에 따라 큰돈 들이지 않고 주인의식으로 무장된 사외이사, 영업사원, 후원자들을 늘리는 간단하지만 신선한 아이디어를 꼭 실행해서 선순환 시스템을 구축하는 데 도움이 되길 바랍니다.

Part 3

상상 속의 마케팅 아이디어

'19금' 식당

정력(精力)은 인체의 근본이거늘.
– 동의보감 –

통일로 가는 대화 주제는 '그것' 밖에 없다.
– 안단태 –

마케팅의 대원칙! 먼저 시장을 나누고 타겟을 정했다.

↓

가족식당도 많고 연인식당도 많은데 성인전용식당은 없다.
있다면, 술집이거나 퇴폐업소였다.

↓

건전한 성인전용식당을 표방하고 메뉴부터 모든 것을 '성인(成人)'에 맞춘다.

↓

다이어트와 정력이라는 컨셉을 잡는다. 정력에 좋은 것들은 거의 여성들의 피부에도 좋다. 관심분야별로 메뉴가 정해졌다.

↓

가게 안에서 각종 성인식품 및 성인건강 정보가 공유되고 온라인과 오프라인에서 커뮤니티로 발전했다.

↻

프랜차이즈의 브랜드명이 '남녀 공용 성인식품'의 대명사가 되었다.

성(性), 이젠 양지로

물론, 이런 식당이나 프랜차이즈는 없습니다. 이제는 조금씩 변하고 있지만 불과 얼마 전까지만 해도 대한민국에서 성(性)은 음지에 있었습니다. 누구나 다 하지만 아무도 드러내놓고 얘기하지 않는 것. 그것이 한국 사회에서의 성(性)이었습니다. 마치 불편한 진실과도 같은 분위기의 주제였습니다. 그러던 것이 이제는 공중파에서도 어느 정도는 솔직하게 이야기할 수 있는 여건이 조성되었다고 봅니다. '19금 식당'은 그런 시대적 사회적 변화가 가능하게 해준 아이템이라고 생각합니다.

'We are what we eat'

한편, 이런 말이 있습니다. 'We are what we eat.' 직역하면 '우리는 우리가 먹는 것에 다름 아니다' 일 것이고, 의역하면 '우리의 몸과 생각은 우리가 먹는 것에 의해 결정된다' 정도일 것입니다. 무엇을 먹는가, 어떻게 먹는가가 육체적인 건강뿐 아니라 정신적인 건강, 그리고 가치관에도 영향을 미친다는 말인데 십분 공감합니다.

양지로 나온 성(性), 그리고 음식에서 근본적인 해답을 찾으려는 트렌드. 이 두 가지가 만나 새로운 아이템을 만들었습니다.

정력에 좋으면
여자 피부에도 좋다

　　　　　　　소위 정력(精力)에 좋다는 음식들을
알아보면 여자들 피부에도 좋다는 음식과 상당 부분이 겹칩니다. 남자
정력에 좋다고 알려진 음식들이 사실은 남녀 공용이라는 의미지요. 이
대목에서는 오묘한 자연의 섭리까지도 느껴집니다. 그리고 한방에서는
정력에 좋다는 의미가 사실은 건강에 좋다는 의미라고 합니다. 이런 차
원에서 생각해볼 때 더더욱 조금도 부끄러워할 필요조차 없는 아이템
이겠지요.

　남성 정력에 관계된 건강보조식품 시장과 발기부전 치료제의 연간
시장 규모는 국세청 통계에 잡히는 부분만도 수천억 원입니다. 오늘 이
순간에도 종합일간지 전면광고를 포함해서 얼마나 많은 '정력제' 관
련 광고들이 나오고 있는지를 보기만 해도 그 시장성을 짐작할 수 있을
정도입니다. 거기에 여성들의 피부와 다이어트에 대한 관심과 잠재 시
장은 수치로 말할 수 없을 정도입니다. 굳이 평균 수명 백세 시대라는
말을 언급하지 않더라도 갈수록 커져가는 시장이라는 것만은 확실해
보입니다.

노인의 성(性)

　　　　　　　　　한편, 노인의 성(性)에 대해 좀 짚어
보고 싶습니다. 노인의 성(性)이 근래 들어 사회적으로 하나의 어젠다
가 되기 시작한 것 같습니다. 정확히는 이제 막 태동하고 있는 정도이
지요. 아직 걸음마도 떼지 못한 수준입니다. 노인들에게도 성욕이 있다
는 당연한 말을 학설 발표하듯이 해야 했던 게 기껏 15년 정도 전의 일
이었습니다. 드러내지 못하고 쉬쉬하는 분위기가 아직도 팽배하긴 하
지만 그래도 이젠 사회적으로도 인정받는 분위기가 곳곳에서 감지됩
니다. 2002년 노인들의 성문제를 직접적으로 다뤄서 상당한 파문을 일
으켰던 영화 <죽어도 좋아> 이후로 간간이 있었던 의미 있는 논의들이
영향을 미쳤으리라고 봅니다. 그리고 그 추세는 갈수록 강해질 것이 틀
림없을 것입니다.

　할아버지들하고 얘기하다 보면 사실 가장 큰 관심사는 자식도 국가
도 인생도 아닌 성(性)이란 것을 느낄 때가 많습니다. 소위 그거 빼면 낙
(樂)이 없다는 것입니다. 전통적 인습이나 체면을 중시하고 섹스를 죄
스러워 하는 분위기 속에서 평생을 사셨기에 헛기침만 하다가도 동년
배들끼리 모이면 결국 '통일로 가는 주제'로 흘러갑니다.

　자, 그렇다면 어르신들만 그럴까요? 저는 지금의 노인들의 모습 속에
서 30년 전의 한국의 중년 남성들의 모습을 봅니다. 비아그라를 비롯한
여러 가지 원인이 있겠지만 아무튼 결과적으로 지금 한국 중년 남성들
의 정력에 대한 관심은 양지(陽地)로 나오기 시작했습니다. 공중파에

서 거의 대놓고 정력에 좋다는 말을 하는 광고가 넘쳐납니다. 법의 규제 때문이지 발기부전 치료제 광고도 허용만 된다면 봇물 터질 기세입니다.

자연스런 '19금 식당'

이런 변화된 사회적 분위기가 '19금 식당'이 통할 수 있는 토양이 되었다고 판단됩니다. 남자들에게는 자존심이란 게 있어서 아직까지는 발기부전 치료제를 처방 받으러 병원에 가는 문턱은 높아 보입니다. 그러나 남녀가 어울려 정력에 좋은 음식을 찾아다니며 먹는 정도는 자연스럽게 받아들이는 분위기입니다.

공부하다 보니 알게 된 사실인데, 정력에 좋은 음식들은 근본적으로 건강에 좋은 음식들입니다. 양약처럼 부작용이 있거나 딱히 발기부전만 해결하는 것이 아니고 일시적인 효과만 있는 것은 더더욱 아닙니다. 처방도 필요 없고 아무나 먹어도 됩니다. 게다가 노화 방지와 피부 미용에도 중복 효과가 있는 것들이 대략 2/3여서 건강한 사람이 먹으면 더 효과적인 것들도 있습니다. 보약은 건강할 때 먹으면 더 효과가 좋다는 말이 있는데 이런 음식들도 그런 효과가 있을 것 같습니다. 피부가 좋은 사람이 피부관리를 계속 해야 하는 것은 당연한 일이니까요.

노화 방지와 피부 미용에 효과가 있는데 정력에도 좋은 식재료는 꽤 많았습니다. 우리가 음식으로 이미 만들어 먹고 있는 것들도 있고, 자체로 맛도 있고 친숙한 것들도 있습니다. 적당히 젊은 30대 이상의 여성들이 관심을 가질 만한 메뉴 개발이 충분히 가능해 보입니다. 그래도 음식장사인데 고객에게 맛을 양보하라고는 할 수 없겠지요. 여성들에게 맛으로도 인정받아야 진정 큰 성공을 꿈꿀 수 있습니다.

성(性)에 대한 사회적 분위기의 변화와 더불어 백세시대, 피부미용, 노화방지의 이 세 키워드를 가진 성인전용 대중음식점이 세상에 나올 날도 얼마 남지 않은 듯합니다.

고인(故人)을 고객으로

장례식장의 고객은 누구일까?
산후조리원의 고객은 또 누구일까?
동물병원의 고객은?

갈수록 경쟁이 심해져가는 장례식장, 그 장례식장의 고객은 누구일까?

↓

고객을 분명하게 정해야 차별화를 할 수 있다.

↓

고인(故人)의 선행(善行)과 관계된 서비스는 어디에도 없는 것으로 파악되었다.

장례식장을 이용하는 고인의 이름으로, 고인의 출신 학교 또는 근처 고등학교에 장학금을 기부하는 프로그램을 시도했다. 전액 장례식장의 부담으로.

↓

이 프로그램이 알려지자 이왕 하는 거 조금 더 보태서 어려운 사람들에게 고인의 이름으로 기부해 달라는 상주(喪主)들이 생겨났다. 쌀 나누기, 나무심기 등 새로운 제안들을 하기도 한다.

상주들과 상의해서 기부하는 시스템을 갖추었고 추후에 누구에게 어떤 식으로 기부됐다는 피드백을 해주었다. 수혜자(受惠者)들은 고인에 대한 감사와 명복을 비는 예(禮)를 표시했다. 장례식장 문상객들을 중심으로 입소문이 났다.

↻

지역 신문에 피드백과 감사의 편지 광고를 주기적으로 싣고 있다. 신문기사가 났고 인터넷을 통해 알려지고 있다. 임종 시 유언과 상주(喪主)들의 문의가 이어지고 있다.

가시는 길에
고인의 이름으로 선행을

아직 이런 서비스를 하는 곳은 없습니다. 제가 장례식장을 직접 경영한다고 생각하고 써본 픽션입니다. 또 이 글을 읽고 전국의 장례식장 중에서 이런 곳이 나타났으면 하는 바람도 있습니다.

사람이 임종에 이르면 선(善)해 진다는 말이 있습니다. 비단 죽음을 앞둔 사람만 그렇지는 않을 것입니다. 상주(喪主)들도 마찬가지일 것입니다. 돌아가신 분이 좋은 곳으로 가실 수 있도록 생전에는 '아마' 못했을 선행을 마지막으로 하고 가는 것을 나쁘다고 생각하는 사람은 없을 것입니다.

우리나라 사람들은 장학금 타는 것은 익숙해도 장학금을 주는 것은 아주 먼 이야기로 생각합니다. 마음은 있어도 몇 푼으로 장학금을 줄 수 있다는 것은 생각도 잘 못하고 방법을 안다 하더라도 굉장한 용기가 필요한 일입니다. 기부문화가 잘 발달하지 못해서 그런 면도 있고 체면 때문일 수도 있습니다. 아무튼 마음은 굴뚝같지만 쑥스러워서 못했던 그 일을 대신 해주는 겁니다. 그것도 가시는 길 마지막 선행(善行)으로. 상주(喪主)들의 호응도 꽤 좋으리라 예상합니다. 불효자식(부모님이 돌아가신 마당에 자신이 불효자가 아니라고 생각하는 사람이 얼마나 될까요)의 짐을 좀 더는 느낌을 가질 수 있을 테니 말입니다.

편안하고 품위 있는 준비

영정사진을 무료로 찍어 주는 서비스를 지역에서 지속적으로 하는 것도 좋은 방법이라 생각됩니다. 미리 찍어둔 영정사진이 없어서 주민등록증 사진을 확대해서 쓰는 상가(喪家)가 아직도 있습니다. 이에 착안해서 영정사진을 찍어서 데이터베이스화 하면 괜찮을 듯싶습니다. 연세가 많이 드신 어르신들은 영정사진 찍는 것에 대해 거부감이 별로 없습니다. 오히려 그 반대입니다. 사진도 찍고 가족 관계도 입력해놓고 차별화된 서비스에 대해서도 얘기할 기회가 된다면 충분히 가치 있는 일일 것입니다. 특히 소외 계층에 대한 서비스 차원에서도 시행해 볼만 하다고 생각합니다. 소외계층일수록 더더욱 필요한 일일 테니까요. 죽음에 대한 편안하고 품위 있는 준비의 시작은 영정사진부터일 것이고, 이를 시작으로 죽음 자체에 대한 준비를 해 나가는 데 있어 총체적으로 함께하는 시스템을 만들어 가는 것도 자연스러운 사업진행일 것 같습니다.

진정으로 예(禮)를 다하는 서비스

지역사회에 노숙인이나 연고가 없는 사람이 돌아가셨을 때 그분들을 위한 장례 프로그램을 마련해놓으면 더 좋을 것입니다. 그냥 시신 하나 처리한다는 식의 기계적 업무 처리가 아닌 진정성 있는 예(禮)를 다하는 서비스가 필요합니다.

장례식장의 지역사회 기여도와 호감도에도 상당히 긍정적인 영향을 미칠 것으로 생각됩니다. 물론 선순환 경영에도 도움이 되겠지요. 마침 이 글을 쓰는 도중에 정부에서도 현재 유명무실화 되어 가고 있는 무연고자 장례지원에 대해 지방자치단체와 더불어 사회복지 차원의 지원을 확대할 것이라는 기사를 보았습니다. 기사를 읽어보면 지금까지도 비슷한 제도는 있었습니다. 역시 문제는 얼마나 많은 사람들이 혜택을 받았느냐는 것입니다. 아직은 그 수가 적은 것이 현실입니다.

노인들은 죽음을 젊은 사람들이 생각하는 것처럼 그렇게 두려운 일로 받아들이지 않는다는 데 착안해서, 지역사회 경로당이나 복지관 같은 곳에서 주기적으로 '자연스럽게 맞이하는 준비된 이별' 이라는 주제로 사랑방 간담회 같은 것을 순회 개최하는 것도 좋은 아이디어입니다. 꼭 장례식장 영업을 한다기보다는 관련 업계에 종사하는 회사로서 지역사회에 어떤 기여를 한다는 의미로 추진해야 합니다. 이 자리에서는 법적 효력이 있는 유언장 작성하는 법, 최근 장례 트렌드, 상조회 관련 장단점, 상속세 및 증여세 설명 등의 질문과 답변이 자연스럽게 오고 가도록 해야겠지요.

이런 생각으로 장례 서비스를 경영한다면 친절하지 않기가 더 힘들 것 같습니다. 문상객들과 상주들의 편의를 지속적으로 고민하고 연구하는 자세도 기본으로 갖고 있을 것 같습니다. 명실상부 제2의 상주(喪主)로서 고객의 입장에서 같이 공감하는 회사가 되겠지요.

마지막으로 선순환의 나비효과처럼 작은 아이디어 하나가 우리나라, 나아가 인류의 장례문화 발전에 기여를 했으면 하는 대단히 커다란 소망을 가져봅니다.

더 타도 괜찮아요

고객 : "이 차 고치는 데 얼마나 걸려요?"

정비사 : 한 보름 있다 오슈.

고객 : 에이 바쁜데… (한숨)할 수 없지 그럼 잘 좀 부탁합니다.

정비소를 막 인수한 정 사장 : 아니 두 시간이면 끝날 일 같은데 왜 그렇게 말씀하십니까?

정비사 : 그래야 우리를 우습게 안 본다고요. 젊은 사장도 이것부터 배워 두슈.

– 성공시대 정주영편 중에서 –

자동차 정비에 거품이 많다고 생각하는 소비자가 많다.

↓

조사해보니 실제로 그런 정비 업소들이 너무 많아 불신이 팽배한 상태였다.

↓

카센타를 오픈하면서 정말 꼭 필요한 정비만 하는 것을 모토로 삼았다.

↓

좀 더 발전시켜서 안전운전에만 지장 없으면 "웬만하면 그냥 더 타셔도 돼요"라고 얘기해 주었다. 많은 손님에게 이 멘트를 할 수밖에 없었다.

↓

정직한 카센타로 소문이 났다. 특히 여성 운전자들에게 큰 인기를 끌기 시작했다.

↻

상호를 '더 타도 괜찮아요'로 바꾸고, 모토를 "차를 잘 모르는 짠순이 단골 카센타"로 정했다.

차는 운전해도
차에 대해선 잘 모른다

앞서 얘기한 '더 타도 괜찮아요' 라는 카센타는 없습니다. 이런 철학을 가진 카센타를 만나보고 싶은 마음에 적어보았습니다. 카센타에 대한 불만은 다른 업종에 비해서 상당히 큽니다. 우리나라의 운전자 중에서 95%의 사람들은 차에 대해 잘 모릅니다. 특히 여성 운전자는 100%라고 해도 과언이 아닙니다. 카센타를 운영하는 사람 입장에서는 소비자들이 차에 대해 잘 모르니 속는다는 생각을 하고 불만을 갖는 것이라고 말할 수도 있겠으나 그것만은 아닌 것 같습니다. 실제로 인터넷 검색을 해보면 '카센타 바가지' 에 대한 고발성 글들이 넘쳐나는 것만 보아도 카센타의 과잉청구에 대한 문제제기는 결코 '오버' 는 아닐 것입니다.

우리나라 사람들은 먹는 것은 아무거나 잘 먹어도 차에는 절대로 아무거나 넣지 않습니다. 두렵기 때문입니다. 차는 순간의 실수가 큰 사고로 이어질 수 있기 때문에 항상 조심하지 않으면 안 되니까요. 유사휘발유를 만든 사람과 그것을 넣는 사람도 함께 처벌 받는다고 겁을 줘도, 정작 유사휘발유를 넣지 않는 가장 큰 이유는 사고가 날까 두려워서입니다.

그런 소비자들의 무지에서 비롯된 약한 마음을 잘 알고 있기에 상당히 많은 수의 카센타에서 바가지영업을 하고 있는 것이 아닐까 싶습니다. 카르텔이 형성된 지역도 있다는 기사를 본 적도 있으니 이 말은 그저 떠도는 소문만은 아닐 것입니다.

듣고 싶은 말이 있다

고객들의 질문 중에는 진짜 몰라서 묻는 수도 있지만 듣고 싶어 하는 대답을 확인하기 위한 질문도 많습니다. 이런 고객들에게는 일단 원하는 답을 해주는 것이 모범답안일 것입니다. 정답이라고 하지 않은 것은, 안전문제라든가 전문가로서 선을 그어 줘야 할 때가 있기 때문입니다. 그런 경우엔 좀 단호해져야겠지요. 요점은 먼저 고객들이 듣고 싶어 하는 말을 해주라는 것입니다. 비슷한 성능을 보이지만 브랜드 차이 때문에 가격이 30% 저렴한 제품에 대해서도 소개해주는 등 많은 정보들을 주는 것이 고객들에게 신뢰를 줄 수 있습니다.

결론이 같아도 일단 듣고 싶어 하는 말을 해주고 찬찬히 상황을 설명하는 것은 아주 중요합니다. 고객이 스스로 판단을 할 수 있는 정보와 시간을 주어야 하는 것입니다.

예를 들어, 엔진오일은 5,000킬로미터 주행 시마다 갈아줘야 한다는 것이 일반론입니다. 그런데 40년 전부터 이 주행 거리는 똑같습니다. 상식적으로 기술이 발달했는데 엔진 성능이 그대로일 리가 없습니다. 엔진 성능이 월등히 좋아진 지금은 10,000킬로미터마다 갈아도 크게 상관없다는 것입니다. 이러한 진실을 말해준다면 고객들은 새로운 정보에 상담자에게 호감과 무한한 신뢰를 가질 것입니다.

자동차의 경우에는 일반인과 전문가의 차이가 굉장히 큽니다. 다른 분야에서는 상식이라는 것이 있어서 전문가와 일반인을 구분 짓기 애매한 경우가 많은데, 자동차의 경우 전문가와 일반인의 사이엔 건너기 힘든 거대한 강이 흐릅니다. 그래서 전문가의 한마디가 굉장히 중요하고 전문가의 말에 따를 수밖에 없습니다. 바로 '바가지'가 가능할 수 있는 이유입니다.

정직한 전문가

해답은 정직한 전문가입니다. 정직한 전문가의 이미지를 만드는 것이 중요합니다. 그리고 실제로 정직하고 진실되게 상담하고 경영하려고 노력해야 합니다. 그런 노력들이 쌓이고 서서히 알려져서 이미지가 구축되고 브랜드화까지 성공시키시기 바랍니다. 그 후엔 놀라운 일이 벌어질 것입니다. 고객들은 바보가 아닙니다. 바보가 아니니 바보취급 당하는 것을 압니다. 바가지를 썼다고 생각하면 절대로 그 카센타에 다시 가지 않는 것처럼, 정직한 전문가의 상담을 받았다고 느꼈을 땐 믿고 맡깁니다. "그냥 알아서 해주세요"라고 말입니다.

사실 정직한 전문가가 되시라는 조언은 카센타에만 해당되는 말은 아닙니다. 일반인들이 잘 모르는 분야의 일을 하는 모든 분들(특히 엔지니어)에 공통적으로 적용되는 금언(金言)일 것입니다.

전주 Perfect City

오줌싸개동상

1619년 제작, 1745년 영국의 약탈, 프랑스 루이15세가 황금옷 입혀서 반환.
화재 진화 전설 등 브뤼쉘, 나아가 벨기에의 수호 마스코트.
60센티미터짜리 이 벌거벗은 동상을 위해 벨기에를
방문하는 외국 정상 등이 가져다준 옷이 한복을 포함해 750벌.

대부분의 관람객을 실망과 허무에 빠뜨리나,
지속적으로 수많은 관광객을 불러오고 있으며 심지어 국가경제에 미치는 효과도 작지 않음.

무(無)에서 유(有)를 창조해내서 발전하고 있는 지자체가 있는 반면 굉장한 '이야깃거리'들을 가지고도 우왕좌왕 하는 인상을 주는 도시도 많습니다.
줄리엣보다 예쁘고 섹시한 춘향이를 마치 꽁꽁 숨겨놓고 있는 것 같아서 불만인 남원시를 비롯해서, 경주, 안동, 전주 등은 마케팅을 하는 사람으로서 안타까운 생각이 들 때가 있습니다. 그래서 이번엔 전주라는 도시를 가지고 한번 풀어보도록 하겠습니다.

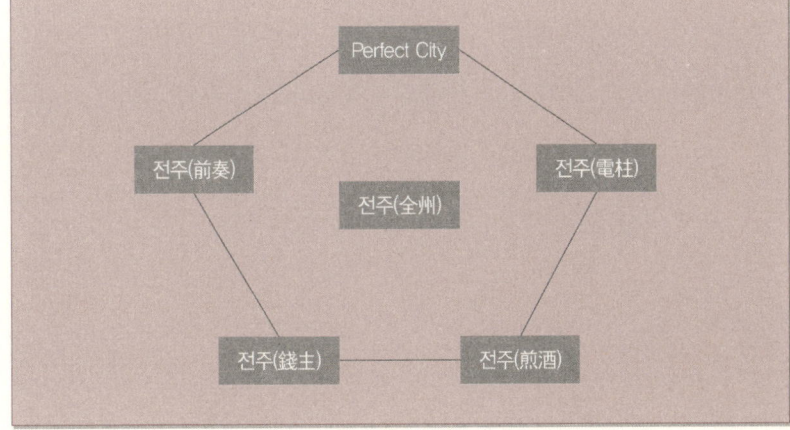

Perfect City

전 세계적으로 큰 도시 지명 중에 'Perfect'라는 의미를 가진 곳이 또 있을까요? 특히 전주(全州)와 통합이 기정사실화된 완주군(完州郡)의 뜻도 'Perfect City'니 그냥 우연이라고 생각하기 힘든 것이 사실입니다.

국내외에서 상당한 세(勢)를 가지고 있는 한 종교단체에서는 전주에 있는 모악산(母岳山)의 이름도 우연이 아니라고 주장합니다. 세계적으로 '어머니 산'이란 명확한 명칭을 가진 곳은 없다는 것이지요. 김일성 일가의 옛 선산이 모악산인 것도 예삿일이 아니라고도 했습니다.

우리나라에서 왕조를 세운 사람이 몇 되지 않는데 그중에서 견훤, 이성계, 김일성이 전주와 깊은 관련이 있었습니다. 왕기(王氣)가 서린 고장이라고 우겨도 될 만큼 관련이 깊습니다.

이런 지명과 관련된 사실들을 더 연구해서 엮으면 재미있는 이야깃거리를 만들 수 있을 것 같습니다.

스토리텔링이란 게 멀리 있는 것이 아닙니다. 관광객들에게 '맛과 소리의 고장'이라고 밋밋하게 소개하는 것보다 그 이유와 의미에 대해서 이 고장에 얽힌 이야기들을 들려주면 그 맛과 소리가 더 깊이 있는 울림을 줄 수 있을 것입니다.

'맛 · 소리'

전주 관련 홍보 책자들을 보니 '맛·멋·소리의 고장', '가장 한국적인 도시', '韓스타일', '한바탕 전주', '세계를 비빈다', '힘솟는 전주', '행복한 전주', '오감만족 전주여행' 등의 슬로건이 보입니다. 모두 전주를 표현하는 주제들임에는 틀림없습니다. 하지만 마케팅적 관점에서 이 슬로건들을 바라보면, 통일되어 있지 못하다는 느낌과 전달하려는 메시지가 너무 많아 보입니다. 그래서 정리해보았습니다. 전체적으로 한국적인 맛과 소리, 그리고 전통이라는 단어로 요약됩니다. 여러 가지 강조하고 싶은 단어들이 있겠지만, 일단 '맛·소리'로 주제를 축소시키고 이 주제에 집중하라고 말씀드리고 싶습니다.

맛

세계 음식창의도시

전주가 2012년 5월, 유네스코에 의해 '음식창의도시'에 선정되었답니다. 8년 동안 세계에서 네 개의 도시밖에 선정하지 않은 희소성에 유네스코라는 권위가 더해져 음식분야에 있어 전주의 위상이 세계적인 수준이 된 일대 쾌거라 할 만합니다. 틀림없이 전주시에서는 이 '꺼리'를 가지고 활용할 여러 가지 방안에 대해 골몰하겠지요.

앞서 전주에 대한 슬로건을 '맛·소리 전주'로 통일하자고 했는데, 여기에 덧붙여 '창의도시'다운 발상을 해보았습니다. '음식을 소리로'란 주제의 음악제를 개최하는 것입니다. 전주에서는 매년 소리문화축제가 열리는 것으로 알고 있습니다. 그 축제 안에 '음식을 소리로'란 코너를 넣는 것입니다.

매년 음식 주제를 정하고, 자유주제로 하고 싶은 음식 부문을 만들어서 해당 음식을 음악이나 노래로 가장 잘 표현한 곡에 상을 주는 프로그램입니다. 정식 뮤직비디오 부문도 포함시키고 UCC 부문도 넣어서 문호를 넓힌다면 전 세계에서 재미로 참여하는 사람들이 많으리라고 생각합니다. 이 프로그램은 세계에서 전주만이 할 수 있는 아이템이라고 생각합니다.

기타 연주로 '알함브라 궁전의 추억'을 처음 들었을 때의 감동을 잊을 수가 없습니다. 한 번도 본 적은 없지만 머릿속에 알함브라 궁전이 그려지고 있었고, 그 안에서 수백 년간 있어 왔던 로맨스며 슬픈 왕비의 일생이 어디선가 본 듯한 영화의 한 장면들로 살아나 순식간에 수십 장이 지나갔습니다. 그 후로 알함브라 궁전 때문에라도 스페인에 꼭 한 번 가야겠다는 마음을 먹었던 기억이 있습니다.

음식을 기막히게 표현한 음악이 나온다면 상당한 파급효과가 있을 것입니다. 음식 자체에 대한 세계인들의 흥미를 유발하는 데 크게 기여할 것이며 한국음식과 나아가 한국 자체에 대한 관심을 갖게 할 수 있을 것입니다. 그 중심에 전주가 있는 것입니다.

'음식을 소리로'란 주제만 두고 형식에 대한 경계와 제한을 모두 없애는 방식으로 운영해서 대중들의 흥미와 참여를 이끌어낸다면 전주가 '알함브라 궁전'이 되는 것도 가능한 일 아닐까요?

미슐랭과 '맛·소리 전주'

미슐랭(미쉐린) 가이드란 것이 있습니다. 1900년에 창간된 프랑스 미쉐린타이어의 여행정보서인데 90개국에서 연간 300만 부를 발행하는 세계 최고 권위의 여행 및 맛집 소개서입니다. 아시아에서는 '2008 미쉐린 동경'을 최초로 발간했는데 동경이 세계적인 미식도시로 자리매김하는 데 결정적인 역할을 했다고 합니다. 2011년 프랑스에서 발간된 한국판엔 여행지 별점만 있고(그린가이드) 맛집 별점은 빠졌습니다. 완벽한 미슐랭 가이드는 아닌 셈입니다.

'맛·소리 전주'가 한국에서 '미슐랭 가이드' 역할을 하는 것은 어떨까요? 일단, 전국의 맛집을 지역별로 메뉴별로 차근차근 조사합니다. 그러고 나서 '맛·소리 전주' 인증을 해주는 것입니다. 철저한 원칙과 기준을 가지고 심사해서 등급을 나눠서 인증해주자는 것입니다. 일단 미슐랭 가이드를 벤치마킹하면서 한국식으로 아이디어를 더 내면 될 것입니다. 시청에서 공무원이 직접 하는 것보다는 전주시에서 관리하는 사단법인을 만들어서 전담하게 하는 것이 더 효과적일 것입니다. 권위 확보에 사활이 걸렸다는 것은 아무리 강조해도 지나침이 없겠지요. 유네스코 음식창의 도시 인증도 받았겠다, 국내에서는 이런 '맛·소리 전주' 인증 작업에 토를 달거나 뒤따라올 지자체는 없을 것으로 판단되지만, 미슐랭 가이드에 버금가는 권위를 가지는 데 모든 노력이 집중되어야 할 것입니다.

이런 인증작업을 통해 전주가 얻게 될 이득은 생각보다 큽니다. 우선, 한국의 전통음식에 대한 이미지를 전주가 독차지하게 됩니다. 또한 한류의 큰 축인 한식과 관련한 각종 산업 및 정부기관 유치의 명분과 정당성 축적에 큰 도움이 될 것입니다. 그리고 당연하지만 내국인 외국인 할 것 없이 '맛·소리 전주'에 대한 권위가 높아질수록 전주 방문에 대한 의지가 더 강해지겠지요.

이번엔 공연입니다. 공연 분야에도 '맛·소리 전주' 인증을 하는 것입니다. 소리가 나는 모든 공연에 '맛·소리 전주' 인증을 등급을 나눠서 해주는 것에 권위를 인정받기 시작한다면 이 또한 맛집 인증 못지않은 파급효과가 있으리라고 봅니다.

소리

길거리공연

유럽의 낭만을 이야기하고 꿈꾸는 사람들은 길거리 악사를 기억하고 있습니다. 파리에서는 길거리 화가들까지 있습니다. 문화와 낭만의 도시 이미지엔 길거리에서 자유롭게 공연하고 그 공연을 즐기는 행인들이 있습니다. 행인들은 공연을 보고 즐기며 악사 앞에 놓여 있는 통에 돈을 넣어놓습니다. 아주 자연스러운 풍경입니다.

전주에는 '전주대사습놀이'가 있습니다. 그 대중성에 대한 논의는 차치하고 다른 지역이 따라오기 힘든 엄청난 자산을 십분 활용하는 것입니다.

'소리'로 길거리 공연이 가능한 의지와 실력을 갖춘 '첨병'들을 양성합니다. 전주지역 일대의 초등학생부터 대학생 일반인까지 대상에 제한은 없습니다. 그리고 전주시는 시 인증작업을 통해 수준을 높이고 길거리 공연의 활성화에 인프라 구축 등으로 참여해야 할 것입니다.

각종 구체적인 지원도 있어야겠지요. 당연한 소릴 덧붙이자면, 인증을 못 받았다고 공연 못하란 법도 없겠지요. 아웃사이더들이 더 인기 있을 수도 있습니다. 아, 그리고 아웃사이더하니까 생각나는 사람들, 비보이들이 있었지요. 전주를 공부하다보니 전주에 실력 있는 비보이팀들이 많다는 것도 알았습니다. 그들에게도 제도권의 참맛을 보여주는 것도 괜찮을 듯합니다.

중요한 것은 전주를 그야말로 낭만과 젊음이 넘치는 소리예술도시로 만드는 데 길거리 공연이 큰 역할을 할 것이라는 점입니다. 또한, '소리'가 도시 내 모든 사람들에게 일상적으로 스며들게 해서 소위 '흥'이 있는 도시로 거듭날 수 있다면 궁극적으로 전주시민의 삶의 질 향상에도 크게 기여할 것입니다.

"전주시민이라면 악기 하나와 판소리 한 대목쯤은 멋들어지게 꺾을 수 있다"는 식의 스토리텔링이 전주에 대한 진정한 문화예술도시 이미지 형성에 큰 역할을 하리라고 생각합니다.

전주엔 네 가지 전주가 있습니다

전주(前奏)

소리의 고장, 전주에서 길거리 공연을 합니다. 여기에 빠지면 안 될 것은 관객입니다. 관객의 참여가 있어야 축제와 공연이 흥이 나는 법입니다. 관객들의 참여를 끌어낼 수 있는 아이디어를 생각해보았습니다.

거의 모든 노래에는 전주(前奏)가 있습니다. 그 전주(前奏)만 듣고 무슨 노래인가 알아맞히는 퀴즈를 냅니다. 관중이 몇 명만 있어도 작은 상품을 걸고 전주(前奏) 퀴즈를 냅니다. 전주(全州) 어디에 가도 퀴즈이벤트가 계속 되니 전주(全州)에 와서 전주(前奏) 퀴즈를 맞히고 상품을 타가는 사람이 상당히 많아집니다. 여러 사람과 경쟁해서 뭔가를 맞히고 상품까지 받는다면 짜릿하지 않겠습니까? 그 이벤트와 상품을 마련해준 곳에 대해 좋은 이미지를 갖지 않을 수가 없겠지요. 더군다나 외국에 가서 그런 짜릿함을 경험한다면 상품도 상품이지만 그 추억이 더 좋은 선물일 것입니다. 희소성보다는 유치원식 상품수여방식에 초점을 맞추는 것이 좋을 듯합니다. 기념품은 전주시에서 다양하게 제작해서 각종 공연을 진행하는 모든 팀들에게 조건부로 제공하는 것이 마땅하겠지요. 전주(全州)에서 행하는 모든 공연이나 행사에는 항상 전주(前奏) 맞히기 이벤트가 있는 장면들을 상상해봅니다.

전주(煎酒)

국어사전에 나타난 전주(煎酒)의 정의는 이렇습니다. '청주에 대추,

잣, 후추, 꿀, 계피 따위의 약재를 넣고 고아 낸 술'. 술이라기보다는 약에 가깝습니다. 고급 약주로 전주와 어울리는 술, 전주를 대표하는 술로 개발하면 좋겠다는 생각이 들었습니다. 전주의 품격을 높이면서도 음식문화의 백미(白眉)인 술 분야에서도 전주(全州)만의 색깔과 스토리텔링에 한몫 할 아이템일 것입니다.

전주(錢主)

여러 가지 우여곡절 끝에 국민연금관리공단의 전주 이전이 결정되었고, 그 핵심이 되는 기금운용본부 또한 전주에 본부를 두기로 확정되었다고 합니다. 알아보았더니 그 규모가 어마어마했습니다. 2012년 말 현재, 약 400조 원, 2020년엔 1000조 원, 2030년엔 1700조 원이 될 것이라고 합니다. 세계 3위랍니다. 세계 속의 전주(全州)가 그야말로 세계의 전주(錢主)가 되는 것입니다.

이런 우연치 않은 스토리를 단순한 이야깃거리로만 방치할 것이 아니라 각종 금융 관련 산업 및 세계적인 한자문화권 회사들을 유치하는 데 스토리텔링으로 적극 활용하면 좋을 것 같습니다.

전주(電柱)

어느 도시건 전주(電柱, 전봇대)의 수(數)는 엄청납니다. 그 회색빛 콘크리트에 그림을 그리는 것입니다. 이름하여 '전주(全州)의 전주(電柱)엔 Art가 있습니다' 프로젝트.

검증된 지역 고등학생이나 대학생들이 실력 발휘를 합니다. 일반 화

가들도 명예를 걸고 참여하게 해야 합니다. 일단, 전주(全州) 전역을 구역나누기를 통해 전주(電柱)의 고유번호를 체계적으로 부여합니다. 그리고 전체를 하나하나 예술작품으로 간주하고 관리합니다. 다른 지역 자매결연 그림 관련 모임이나 단체들에게 전주(電柱)를 분양해주는 것도 좋은 방법일 것입니다. 실명제 사인을 통해 주인의식도 갖게 합니다.

　도시 미관이 좋아지는 것은 말할 것도 없고 도시 전체가 예술작품으로 변신할 것입니다. 성공하면 이것 하나만으로도 상당한 관광자원이 될 것입니다. 전주(電柱)의 고유번호를 따라 걷는 전주(全州)만의 독특한 관광문화가 생길 테니까요.

전체적인 그림

　　　　　　　관광객은 전주한옥마을을 중심으로 전주시내 걷기 여행을 합니다. 전주(電柱)마다 붙어 있는 고유번호가 길잡이가 되어 줍니다. 곳곳에서 전주(電柱)의 예술작품을 찾아다니는 관광이니 제주 올레길이 따로 없습니다. 다니다 곳곳에서 펼쳐지는 길거리 공연에 발길이 머뭅니다. 공연 중간 중간에 전주(前奏)만 듣고 노래 알아맞히기 퀴즈에서 기념품을 받는 행운도 만납니다. 기념품은 전주시에서 길거리 공연팀에게 제공한 것으로, 다양한 상품입니다. 소리문화의 전당이나 한옥마을 상설공연장 등지에서 '음식을 소리로'란 주제의 각종 뮤직비디오를 주제별로 볼 수 있습니다. 어쩌면 그렇게 비빔밥을 기막히게 소리로 표현할 수 있을까 감탄을 하면서 '맛·소리 전주' 인증 비빔밥 전문점에 갑니다. 이제 한스타일 전통 공예 기념품을 구입하러 매장에 들렀습니다. 근처에 있는 상설강습장에서 춘향가 한 대목도 직접 배우는 체험을 가족과 함께 해봅니다. 어느새 저녁, 전주(煎酒)를 곁들인 한정식을 먹고 '소리'를 할 줄 아는 주인이 운영하는 민박집에서 숙박을 합니다. 내일 아침엔 콩나물국밥으로 해장을 하겠지요.

전주 3식(三食)

단양 8경, 제주10경, 영월 10경, 홍천9경, 공주 10경, 청계천 10경 등 수없이 많은 지자체에서 경치 좋은 곳을 선정해서 홍보합니다. 빠짐없이 둘러보라는 얘기겠지요. 이런 식의 홍보는 흔하기도 하지만 그 안내를 따라 몇 번 다녀 본 사람들은 대부분 기대에 못 미친다는 반응을 보이기 십상입니다. 억지로 8이나 10 등에

꿰어 맞추었다는 느낌을 가질 때도 있으니까요.

전주 3식을 관광 슬로건화 하는 것을 제안합니다. 비빔밥, 한정식, 그리고 콩나물국밥. 전주가 자랑하는, 전주를 대표하는 음식 세 가지를 모두 먹어 보지 않고는 전주에 다녀왔다는 말을 하지 말라는 식의 스토리텔링을 만들어내는 겁니다.

전주에는 제가 듣기로 이 세 가지 음식을 한꺼번에 해주는 집은 거의 없습니다. 대부분 전문음식점들에서 한 가지 메뉴만을 하지요. 따라서 이 세 가지 음식을 모두 먹으려면 자연스레 세 끼를 먹어야만 합니다. 이는 웬만하면 하룻밤을 전주에서 묵어야 한다는 말입니다.

이게 성공을 거두면 다른 지자체들이 우후죽순으로 따라 할 것으로 예상되지만 단양 8경처럼 전주가 먼저 치고 나갔고, 전주의 3식은 이미 많이 알려진 것을 재정의(再定義) 내린 것이니 지방이름 더하기 몇 식의 원조 및 대명사로서의 위상은 흔들리지 않을 것입니다.

점심에 비빔밥, 저녁에 한정식, 아침에 콩나물국밥. 자연스러운 전주 삼식입니다!

'공감'하는 종합병원

병원의 의료마케팅이라 함은
병원의 모든 일이 환자 중심으로 돌아가는
시스템으로의 일대 전환을 전제로 한다.
— 안단태 —

35세 전문의가 되기까지 마케팅이란 말을 들어본 적이 없습니다.
그런데, 개원의가 된 지금 가장 많이 생각하는 단어가 서비스와 마케팅입니다.
— 어느 의사의 고백 —

메이요클리닉은 미국 미네소타주 로체스터시에 있는 병원으로,
지역주민 약 3만 5,000명이 일하고 있다.
2011년 기준으로 시 전체 인구 10만 6,000여 명의 33%에 달하는 규모다.
시민 3명 중 1명은 메이요클리닉에서 직접 월급을 받아 생활하는 셈이다.

종합병원 '공감'

지금 지방의 500병상 규모 종합병원의 총체적인 마케팅을 맡을 예정입니다. '공감' 중심 경영으로 어떻게 병원을 살리는지를 미리 예고하고 싶습니다.

이념 : 공감(共感)

의사, 간호사 등 모든 병원 관계자가 환자와 보호자, 그리고 서로에게 '공감' 하려고 노력한다.

모든 의사 결정은 '공감' 이라는 대원칙 아래 이루어진다.

병원 구성원들의 급여와 복지를 점차적으로 도내 최고 수준으로 할 것이며, 이를 대내외에 알려 환자들로 하여금 최고의 의료진이 일하는 병원에서 최고의 서비스를 받는다는 기분을 갖게 해준다.

과잉진료 과잉처방을 하지 않는다는 확고한 신뢰를 쌓기 위해 노력한다.

철저히 환자와 보호자의 입장이 되어서 공감하고 불편한 점을 끊임없이 개선한다.

도움을 필요로 할 것 같은 내원인(來院人)에게 먼저 "도와드릴까요?"라는 말을 건넬 직원을 배치한다.

'지역사회와 함께하는 착한병원'의 이미지를 구축한다.

도내 최고수준의 건강검진 병원으로 자리매김한다.

입원 환자들의 식사 수준은 전국 최고로 한다.

직원 식당 수준도 최고, 외래식당 수준도 전국 최고다. 식당 운영을 통해 이익을 남기려 하지 않으면 충분히 가능한 일이다.

외래식당에서는 일반식을 하는 환자들끼리, 또는 일반인과 어울려 식사를 할 수 있다.

꼭 연령과 성별만이 아니라 지역, 직업, 질환, 직장, 시기, 유행, 가정환경, 가족력, 기초수급자 여부 등으로 잠재 고객을 세분화 다양화한다. 그리고 그에 맞는 맞춤형 건강 검진 시스템을 구축한다.

국민의 당연한 의무이자 권리인 국민건강보험이 지원해주는 모든 프로그램을 철저히 연구해 잠재 고객에게 적용시키고 널리 알려 나간다. 특히 관내에 농촌지역도 포함되어 있음을 고려하여 기초생활수급자들이 받을 수 있는 혜택을 철저히 분석하여 적용한다.

병원 자체에서 주관하는 무료 건강 강좌를, 무료라는 게 안 믿길 정도로 내실 있게 진행한다.

환자와 병원의 모든 구성원이 서로 공감(이해와 신뢰)

병원의 적극적인 '공감' 중심 경영

공감

'우리는 신사 숙녀를 모시는 신사 숙녀들입니다(We are ladies and gentlemen serving ladies and gentlemen).' 이것은 리츠 칼튼 호텔의 모토입니다. 오만하지 않으면서도 당당한 직원들의 자존심 선언이랄까요. 품격 있는 호텔의 이미지까지 상징하는 듯합니다.

공감이라는 것은 분명 짝사랑이나 편도 티켓이 아닐 것입니다. 오고 가는 정(情)에 더 가깝겠지요. 병원이라는 특수성 때문에 환자나 보호자 측이 아직도 약자에 속한다는 것이 인정은 됩니다만 갈수록 그 정도가 약해지고 있습니다. 환자 측도 자기 입장을 충분히 어필하고 있으며 간혹 의료진이 측은해보일 때도 있으니까요. 병원에서는 아직 환자가 더 많이 공감 받아야 한다는 데 이의를 달 사람은 없을 것입니다. 주로 그 부분에 초점도 맞춰져야겠지요.

하지만, 환자 측도 의료진을 비롯한 병원 측의 입장에 공감해야 합니다. 공감하고 이해해야 할 부분은 기꺼이 협조해야 합니다. 병원이라는 공동체를 만들기 위해 환자도 한 축을 담당해야 한다는 것입니다. 그러기 위해서는 일방적으로 이해와 공감만 받을 게 아니라 협조도 하고 공감도 하는 제도와 분위기가 만들어져야 할 것입니다.

궁극적으로 환자 측이 일정부분 병원 운영에 참여하는 방식을 마련하려 합니다. 조금 이상적이고 급진적일 수도 있겠지만 학생들이 일정부분 참여해서 대학 운영의 한 축으로 자리매김하게 된 것도 불과 20년 정도밖에 되지 않은 것을 상기해봅니다.

국민건강보험을
분석하고 혜택을 알린다

우리나라 국민이라면 당연히 국민건강보험에 가입되어 있습니다. 국민건강보험에 가입한 우리나라의 국민에게는 권리와 의무가 있습니다. 의무는 보험료를 꼬박 내는 것입니다. 그렇다면 권리는 무엇일까요?

국민건강보험공단에서는 가입자(모든 국민)를 위해 많은 혜택을 주고 있습니다. 또한, 기초생활수급자를 비롯한 의료사각지대에 있는 소외계층 등을 위하여 의료급여제도를 운영하고 있습니다. 의료급여제도의 경우 지원 내용이 단순하지는 않고 누가 알려주는 사람도 없다 보니 내용을 알았더라면 병의 치료시기를 놓치는 안타까운 경우가 없을 것입니다. 보험료를 내는 사람이든 아니든 생각보다 많은 혜택이 있다는 점과 그걸 제대로 모르는 사람이 많다는 사실에 주목합니다.

그런 의미에서 미국 정치인들의 사례는 새겨들을 만합니다. 젊은 변호사 시절의 오바마 대통령을 비롯한 많은 미국 정치인들은 지금도 빈민가를 돌면서 '유권자등록운동'을 한다고 합니다. 미국에서는 선거연령에 해당한다 하더라도 자동적으로 투표를 할 수 있는 것은 아니며, 실제로 투표를 하기 위해서는 주 선거위원회에 유권자 등록을 해야 한다고 합니다. 자신들의 정당한 권리를 확보해서 국가 정치에 직·간접적으로 참여시키는 것이지요. 물론 그런 운동을 하는 궁극적인 목적은 운동을 통해 만난 본인이 출마를 했을 때 기억해 달라는 것이겠지요.

병원 경영에 본격 마케팅 도입

요즘에야 경쟁이 심해져서 젊은 의사들 중심으로 체계적인 마케팅에 관심을 갖는 병/의원들이 있지만, 제가 처음으로 병원경영을 접했던 1998년만 해도 의료와 마케팅이란 단어는 별로 어울리지 않는 조합이었습니다. 지금도 일반적인 시각으로 보았을 때 대부분 병원의 마케팅 개념 수준은 그리 높지 않은 것이 사실입니다.

'의료서비스를 통한 인류에 봉사' 라는 가치와 대의명분을 거스르지 않으면서 시장경제에 입각한 경영상 성공을 거두는 것이 한국 사회에서 최선의 병원경영일 것입니다. 그런데, 병원마케팅을 연구하다보면 의료서비스의 가치와 대의명분을 충실히 따르는 것 자체가 가장 훌륭한 마케팅일 수 있겠다는 생각을 자주하게 됩니다. 나아가 병원마케팅은 인류와 지역의 건강한 발전과 맥을 같이 해야 한다는 철학을 갖게 되었습니다.

분명한 목표시장

일단, 목표시장을 분명히 할 것입니다. 농촌지역이라는 특성을 십분 활용하여 예상 질병들을 잠재 고객들에게 적용하여 적극적인 마케팅을 해 나갈 것입니다. 비슷한 삶을 살아온 비슷한 연령과 성별의 사람들은 비슷한 질병을 갖고 있을 확률이 높습니다.

거리적으로 이웃에 거주하는 사람들과 회사들에 주목하겠습니다. 거리상 이용편익이 있는 사람들의 잠재적 욕구를 해결해 그들에게서 좋은 평판을 얻는 데 주력하겠습니다.

지역사회와 함께 하는 착한 병원

병원경영에도 브랜드개념이 있어야 합니다. 브랜드 아이덴티티가 만들어지고 신뢰를 계속 쌓아 유지할 수 있다면 그 병원은 쉽게 흔들리지 않을 것이기 때문입니다.

'지역사회와 함께하는 착한 병원'으로 브랜딩할 것입니다.

이를 위해 지역에서 벌어지는 각종 행사에 의료진을 파견한다거나 앰뷸런스를 보내는 등 지역사회의 중추적인 일원으로서의 이미지를 구축할 것입니다. 유치원이나 초등학교 어린이들을 대상으로 위생교육이라든가 질병교육을 실시하는 것도 도움이 되겠지요. 혹시 지역특색이 느껴지는 질병이 있는지도 살펴서 그에 관한 연구 및 해결방안을 마련해보려는 시도를 하겠습니다. 지역의 인재육성을 지원하는 의미에서 의료계 진출을 원하는 학생을 대상으로 **닥터스 장학금을 지원하겠습니다. 진정으로 지역의 의료를 책임지겠다는 자세로 임한다면 더 많은 아이디어들이 나오겠지요.

착한 병원의 이미지도 무척 중요합니다. 실제로 의료를 통해 착한 일을 하는 것이 물론 전제가 되어야겠지만 행하는 만큼의 이미지 획득도 필요하단 의미입니다. 지역사회에서 독거노인 등 소외된 계층에게 최소한의 의료서비스를 그야말로 서비스해 드리겠습니다. 의료법에 저촉되지 않는 범위에서 병원이 지역사회와 소외계층에 할 수 있는 최선의 방법을 모색해서 실천하겠습니다.

건강검진 전문병원

　　　　　　　　질병의 진단에서 치료의 성패가 좌우
된다고 해도 과언이 아닙니다. 그런 의미에서 '기계가 명의(名醫)' 라는
말이 허투루 들리지 않는 것도 사실입니다. 서울에 있는 종합병원이라
고 다른 기계를 쓰는 것이 아니라면 결국은 검사 결과를 판독하는 의사
의 수준차이가 실제 병원의 실력차이일 것입니다.

　진단방사선과나 영상의학과의 숙련된 전문의를 지방에서 구하기가
그리 녹록치만은 않은 것이 현실입니다. 이에 온라인 시스템을 구축해
서 검사 결과를 며칠 뒤에 피검사 결과와 같이 받아볼 수 있게 만들려
고 합니다. 말하자면, MRI나 CT 검사는 지방 병원에서 하고 Reading은
온라인으로 서울에서 하는 것이지요.

　건강검진 전문병원이라는 이미지를 얻게 되었을 때 병원의 브랜드
가치는 상당히 상승하리라고 봅니다. 국민건강보험공단에서 실시하는
무료국민건강검진 시스템을 비롯한 수많은 직장건강검진 등을 유치할
가능성이 그만큼 커지는 셈이니까요.

먼저 묻는 서비스

　　　　　　　　부를 때까지 오지 않았으면 좋겠고,
안 불러도 와서 이것저것 물었으면 좋겠고.

옷가게와 병원의 얘기입니다. 옷가게에서는 사이즈 찾을 때나 직원이 왔으면 좋겠는데 어느 샌가 나타나서 참견하는 게 부담스럽고 지나치다 싶습니다. 반면, 병원에서는 문 열고 들어가자마자 누가 좀 알아서 안내도 해주고 배려도 좀 받고 싶은데 내가 스스로 찾아서 묻지 않으면 방치됩니다.

은행에 가면 청원경찰이 있습니다. 이 분들이 하는 일은 당연히 은행의 보안에 관한 일이지요. 그러나 이 분들 덕분에 은행강도는 아예 없다시피 합니다. 그래서 시중 은행 중에는 이 청원경찰을 여성으로 채용한 곳도 있습니다. 가스총만 차고 왔다 갔다 하는 사람들과 달리 도움이 필요해 보이는 듯한 고객들에게 적극적으로 먼저 다가가서 "도와드릴까요?"라고 묻는 분들을 본 적이 있습니다.

사실 도움이 필요한 사람의 비율로 따지자면 병원 내원인(來院人)이 은행 방문객보다 훨씬 높을 것입니다. 그런데 은행에는 먼저 다가와서 "도와드릴까요?"라고 묻는데 병원에는 어디가 불편해서 오셨냐고 묻는 사람이 없습니다.

전문 안내요원을 두겠습니다. 교육을 받은 알바생도 어렵지 않은 일입니다. 도움이 필요할 것 같은 분들에게 먼저 다가가서 수속 밟는 것을 동행해 드린다든가 절차를 설명해 드리는 것이지요. 병원 시스템에 대해서도 설명 드리고 병원 경영의 철학에 대해서도 말씀드릴 것입니다. 이런 제도를 통해 내원인(來院人)들로부터 병원 경영에 관한 훌륭한 조언들이 나올 것이라 생각됩니다.

내부고객의 만족

의료기관 종사자들의 직업 만족도나 업무에 대해 인정받고 있다고 느끼는 정도는 생각보다 낮다는 게 정설입니다. 사실 사람의 욕구 중에 기본적인 것들을 제외하고는 남들에게 인정받고 싶은 게 가장 큰 욕구가 아닌가 싶습니다. 그런데 어떻게 보면 굉장히 보람 있어야 할 업종인데 그렇지 못하다는 것은 업계 종사자들이 직업에 임하는 자세에도 문제가 될 수 있다고 생각합니다.

직접 환자나 보호자를 대하는 의료진부터 행정업무를 담당하는 직원까지 직장에서 보람을 찾고 일로써 인정받는 분위기와 시스템을 만들겠습니다. 내부고객이 행복해야 외부고객들에게 친절하고 제대로 된 서비스를 한다는 단순하고 명쾌한 개념을 실현하도록 최대한 노력할 것입니다. 병원경영에 있어 선진국에서 검증된 정당한 평가시스템과 보상정책을 통해 사기를 진작시키고 인정해주는 분위기를 조성할 것입니다.

기본적으로 처우도 도내 최고를 목표로 할 것입니다. 직원들에게 자부심을 심어주는 효과를 기대할 수 있는 것은 당연하고, 이를 환자들에게도 알려서 자신들이 최고들에게 서비스 받고 있다는 기분을 느끼게 해줄 것입니다.

톰 소여 마케팅

카피라이터 : 만약에 제가 깨알 같은 글자로 신문 한 면을 꽉 채운 전면광고를 냈는데,
회장님께서 그 모든 글을 한 자도 빼지 않고 읽도록 광고 문안을 만든다면 어쩌시겠습니까?
광고주 이회장 : 그런 불가능한 얘기를 하시다니 차라리 해가 서쪽에서 뜨길 바라시오.
카피라이터 : 그 전면광고의 제목을 말씀드려도 될까요?
광고주 이회장 : 뭐 그러시든지
카피라이터 : '이 회장에 대한 세상 사람들의 평가 글 모음'입니다.
광고주 이회장 : …… 깨끗하게 승복하리다.

아프리카 기아 어린이 돕기 캠페인을 보다가 이런 생각을 했다.
불쌍하게 보이는 것 말고 다르게 호소하는 방법은 없을까?

↓

이것도 마케팅인데 왜 없을까. 그렇다면 타겟팅부터.

↓

자녀 중에 유치원생, 초등학생이 있는 부모로 정한다.

↓

아프리카의 어린이를 도와주는 게 내 아이에게 교육적으로 아주 좋다는 것을 근거를 가지고 들이댔다.

↓

아이들 이름으로 기부가 쏟아진다.

↻

이런 좋은 환경을 주신 부모님께 감사한다던. 우리 자식 다 컸네.

애처로운 천편일률

TV와 라디오를 통해 아프리카와 남미에서 굶고 있는 어린이들을 돕자는 광고들이 계속 나오고 있습니다. 단체가 하나로 통합되어 있는 게 아니어서인지 여러 가지 종류의 광고가 자주 나옵니다. 며칠 전에는 대형마트의 카트 밑바닥에 인쇄된 5초 이상 보고 있기 힘든 사진을 보았습니다. 불쌍한 표정의 흑인 어린이가 두 손 모아 구걸하는 사진이었습니다. 마음이 무척 불편했습니다. TV나 라디오 속 광고도 내용만 조금씩 달랐지 컨셉은 완벽히 똑같습니다. "지금 동부 아프리카에서 수많은 어린이가 죽어가고 있습니다. 여러분의 후원만이 어린이들을 구할 수 있습니다. 월 3만 원으로 이 어린이에게 희망을 주세요", "천 원이면 아프리카 어린이가 두 끼를 먹습니다", "태어나자마자 에이즈에 걸린 아이와 엄마, 이들에게는 도움의 손길이 절실히 필요합니다" 등의 카피와 배경화면으로 비참한 장면들은 계속 이어지고 비장한 나레이션이 흐릅니다.

저는 가슴 아픈 영화나 드라마를 잘 보지 못합니다. 소설도 다큐멘터리도 내용을 살펴서 봅니다. 안타까운 장면들을 보면 내가 근본적으로 어떻게 해주지도 못하는데 이렇게 그냥 가슴만 아파해야 하는 상황에 화가 납니다. 저개발국가의 열악한 상황을 최대한 효과적으로 보여주면서 측은지심(惻隱之心)을 자극하는 광고에 제가 이의를 제기하는 이유입니다. 기부하면서도 마음 편하지 않고 미소 한 번 지을 수 없다면 다시 하고 싶지 않을 것 같기 때문이기도 합니다. 무엇보다 마케팅적으로 지인에게 소개를 하는 등의 재구매가 일어나지 않을 것 같습니다.

그래서 그런 애처로운 천편일률의 캠페인스타일을 벗어나서 안타까운 마음이 들지 않으면서도 본래 원하는 소기의 목적을 달성할 수 있을 방법에 대해 생각해보게 되었습니다.

이익의 보장

호기심 자극, 이미지 창출, 기능성 강조 등의 광고 기법 중에 '이익의 보장'이라는 것이 있습니다. "이 제품이나 서비스를 이용하시면 당신에게 이런 이익이 있습니다"라는 취지의 말을 촌스럽지 않게 하는 것이지요. 저는 비단 아프리카 어린이들을 돕자는 캠페인뿐만 아니라 모든 '측은지심(惻隱之心)'을 자극하는 광고에 발상의 전환을 촉구하고 싶습니다. 기부를 부탁하지 말고 기부하면 기부자에게 어떤 이익이 생길 것인가에 대해 연구해서 캠페인에 적용하는 것입니다.

유대인들의 자녀교육은 정평이 나 있습니다. 그중에서도 기부에 대한 가르침은 철저합니다. 겨우 말을 하기 시작할 때부터 각자의 저금통을 만들어줍니다. 그리고 그것을 기부하게 하는 것입니다. 어릴 적부터 그 수준에 맞는 기부를 생활화 하는 것. 그들이 세계 금융시장을 휩쓸면서도 동시에 그 수준에 맞게 기부에도 열심인 이유가 있었습니다. 그러고 보니 그들이 그렇게 세계 금융 자본을 쥐락펴락 하는 힘을 갖게 된 것도 혹시 '베푸는 마인드'와 연관이 있는 것은 아닌지 생각해볼 문제입니다.

아이들이 어렸을 때부터 주체적으로 돕는다는 개념을 갖고 그것을 몸에 밸 정도로 익히게 되면 그 아이가 인성적으로 잘못 될 확률은 거의 제로에 가까워진다고 합니다. 기부를 생활화하니 당연히 남을 배려할 줄 알게 될 것이고 매사에 감사할 것입니다. 이런 사실들은 많은 부모들이 체감하고 있는 현실이고 현재진행형입니다. 이렇게 효과적이고 살아 있는 자녀교육 방법이 또 어디 있을까요? 자녀에게 자연스럽게 착한 인성과 나눔을 통한 배려를 익히게 해주고 싶은 부모들에게 기회를 주는 일입니다.

톰 소여 식 기부 캠페인

이름하여 '톰 소여 식 기부 캠페인'을 제안합니다.

마크 트웨인 원작 <톰 소여의 모험>에 나오는 에피소드입니다. 톰 소여가 이모에게 말썽피운 벌(罰)로 울타리 페인트칠하기를 명(命) 받았습니다. 처음엔 기가 죽어 있다가 이내 '벌(罰)을 재미로' 발상의 전환을 하게 됩니다. 그러자 놀라운 일이 벌어지지요. 마치 울타리에 예술작품 그림을 그리듯 한 번 칠하고 몇 발짝 뒤로 물러서서 바라보기를 반복합니다. 지나가다가 이를 본 친구들이 나도 한번 해보자고 합니다.

적중했지요. 그리고 친구들에게서 '오백 원'씩을 받고 페인트칠을 몇 번씩 하게 해준 마케팅사(史)에 길이 남을 명장면이 탄생합니다. 친구들은 줄을 섰고, 정가는 오백 원이지만 특별 서비스로 한 번 더 칠하게 해주기도 합니다. 그러나 절대 깎아주는 법은 없습니다. 서비스를 좀 더 해줄 뿐.

타겟을 유치원생이나 초등학생을 둔 부모로 정합니다. 그리고 근거를 마련합니다. '5~13세 어린이가 자기 또래의 불쌍한 어린이를 지속적으로 도왔을 때 나타나는 행동과 태도의 변화에 대한 연구', '초등생 자녀의 긍정적 태도변화가 가족 화목에 미치는 영향 연구' 등 틀림없이 긍정적인 데이터들이 속출할 것입니다.

어린이는 배려심도 커질 것이고, 가족 간에는 공통의 관심사가 있기에 대화도 늘어날 것입니다. 가족 누가 먼저랄 것도 없이 재미가 붙어서 아프리카의 구체적인 어느 어린이를 현실적으로 돕는 방법을 생각하게 될지도 모릅니다. 그 과정 속에서 아이가 올바른 인성을 갖게 되고 부모에게 진심으로 감사하는 마음을 갖게 될 것입니다. 부모도 달라질 것입니다. 가족 전체가 행복해지고 화목해지는 효과도 기대해 봄직합니다. 3만 원의 기부가 나비의 날갯짓이 된 셈이지요.

이런 모든 것들 중에서 미담사례나 성공사례를 발굴해서 학교나 문화센터 같은 곳에서 홍보하기도 하고 방송과 라디오에서 집중적으로 알려 나간다면 아이를 가진 부모들에게 상당한 유혹이 될 것입니다.

융통성 있는 후원방식

　　　　　　　　　　한편, 초등학생들은 학교에서 통장을 만들어주고 의무적으로 저축하는 습관을 기르도록 해주는 프로그램에 거의 100% 참여하고 있는 것으로 알고 있습니다. 액수가 중요한 게 아니라 저축은 좋은 것이며 따라서 어린이들에게 습관처럼 몸에 배게 한다는 목적이 있겠지요. 기부도 저축 못지않게 어릴 적부터 습관을 들여야 할 대단히 중요한 개념이라는 것이 제 생각입니다.

　예전과 달리 이젠 일선 학교 차원에서 자율적으로 인성 교육 프로그램을 운영할 수 있는 세상이 되었습니다. 뜻있는 학교에서 학부모들과 손잡고 희망자들에게 월 1만 원씩 또는 5천 원씩을 모아 3만 원을 만들어 아이들 이름으로 공동 후원하는 방식의 사업을 진행하는 방법도 있습니다. 교장 선생님이나 담임 선생님도 스스로 '좋은 결과'라는 명분이 있으니 시도해볼 수 있을 것입니다. 또한, 모금하는 측 입장에서는 굳이 한 구좌를 3만 원으로 못 박지 말고 어린이들에게는 자신들의 용돈을 아껴서 스스로 돕게 하는 취지에 걸맞게 1만 원 또는 5천 원짜리 월구좌도 만들면 반응이 좋을 것입니다. 나아가, 어린이들이 용돈을 월(月)이 아니라 주(週)단위로 받는 것에 착안해서 주(週)단위 기부시스템을 마련하는 것도 기부를 생활 속에 젖어 들게 하는 데 효과적일 것 같습니다.

　기부문화 확산 차원으로만 본다면, 반드시 아프리카 불쌍한 어린이들만 돕는 것을 고집할 필요도 없을 것 같습니다. 가족이나 초등학교

교실에서 직접 회의를 통해 기부할 곳과 주제를 정하는 것도 바람직해 보입니다. 가깝게는 북한의 어린이들도 있겠고, 아프리카 오지 마을에 우물을 팔 수 있을 만큼의 돈을 한꺼번에 모아 줄 수도 있겠지요.

다시 한 번, 톰 소여처럼

일방적으로 도움만 주고 늘 도움만 받는 관계는 개인끼리든 국가 간이든 오래 지속될 수 없습니다. 주는 입장에서는 감사하단 표현이라도 들어야 하고, 주는 뿌듯함이라도 느낄 수 있어야 합니다.

가장 바람직하고 지속 가능한 관계는 양측에 모두 실질적인 이익이 되는 관계입니다. 그것이 진리라고 생각합니다. 따라서, 주는 사람에게도 뭔가 도움이 된다는 것을 깨닫게 해줘야 합니다. 다른 사람이 알려 주지 않으면 주는 사람 스스로 찾아내야 합니다. 다행히 기부를 생활화한 사람들의 공통된 말은 주러 갔다가 가슴속에 더 많은 것을 받아 온다는 것입니다.

실제로 기부를 생활화한 어린이들은 커서도 남에게 베푸는 것이 자연스레 몸에 밸 것이고 이는 곧 사회생활과 인생을 성공적으로 살아나갈 좋은 습관을 갖게 됨을 의미하는 것입니다. 이를 신뢰할 만한 구체적 근거를 가지고 주 타겟인 초등생 자녀를 둔 부모들에게 세련되게 제안하자는 것입니다.

'톰 소여식 마케팅'으로 인해 기부문화가 더욱 확산되어서 아프리카 어느 구체적인 마을의 특정 어린이들에게 실질적인 도움이 되었으면 좋겠습니다.

호두과자 휴게소

사람들에게 일개 고속도로 휴게소라고 나를 소개합니다.
전국 수십 개의 고속도로들이 차려놓은 밥상에서
우리는 그저 맛있게 먹기만 하면 되기 때문입니다.
나만 스포트라이트를 받아 죄송합니다.
– 어느 1등 휴게소의 고백 –

고속도로 하면 생각나는 것을 물으니 여러 가지 대답이 나옵니다.

1. 막힌다
2. 휴게소
3. 버스전용차로
4. 고속버스
5. 통행료

이번에는 휴게소 하면 떠오르는 것을 물어 보았습니다.

1. 화장실
2. 호두과자
3. 주유소
4. 비싸다
5. 부실한 식사 및 불친절

신뢰도와 표준오차 상관없이 그냥 제 주변 사람들 열댓 명에게 물어 보았습니다. 그랬더니 대답이 위와 같이 정리되었습니다.

특색 없는 휴게소들

우리나라 휴게소들의 특성은 한마디로 무색 무미 건조입니다. 전국적으로 고속도로 휴게소만 180여 개에 이르는데 그중 한두 개가 최근에 들어와서 쇼핑몰형태의 휴식 공간 기능을 갖추었을 뿐입니다. 나머지 절대 다수의 휴게소들은 크기만 조금씩 다를 뿐 삭막하긴 매한가지입니다. 화장실에서 볼 일이나 보고 끼니나 때우고 기름이나 채우는 곳. 편의점 물건들은 대형할인점보다 평균 50% 비싸고 별로 친절하지 않은 곳. 이것이 우리나라 휴게소들의 현주소입니다.

제가 고속도로 휴게소에 들를 때마다 드는 생각들을 정리해 보았습니다.

1. 고속도로를 이용하는 사람들 중 대부분은 어차피 어딘가 휴게소에 들를 것이다.

2. 우리나라의 모든 고속도로 휴게소는 마치 한 사람이 운영하는 것은 아닐까 싶을 정도로 운영방식이 천편일률이다.

3. 식당의 음식수준이 전체적으로 떨어진다. 맛이 떨어지고 품질대비 가격이 비싸고 양도 적다.

4. 호두과자를 비롯한 심심풀이 간식류는 의무적으로 먹어줘야 한다는 느낌을 받는다. 특히 아이들을 비롯한 동행이 있을 때는 더욱 그렇다.

5. 그런데 그 심심풀이 간식류도 전체적으로 수준이 그리 높지 않으

며, 가격이나 품질이 휴게소라는 지리적 이점을 제외하곤 경쟁력이 상당히 떨어진다.

6. 이벤트가 드물다. 방문객이 많이 몰리는 시간에도 그들의 시선이나 발길을 끌 수 있는 공연 전시 등의 이벤트가 거의 없다.

7. 휴게소 명칭에만 지역의 특색이 나타나 있고 그 이외엔 지역특색을 별로 찾아볼 수 없다. 유명무실한 지역특산물 판매장이 간혹 눈에 띌 뿐이다.

8. 화장실을 비롯한 휴게소 전체의 청결상태는 양호하다.

9. 모든 휴게소에 설치되어 있는 비즈니스센타는 급할 땐 꽤 편리하게 이용할 만하다.

어차피 한 번쯤은 들러야 한다

미쉐린타이어가 운영하는 여행가이드책 미쉐린 가이드에는 별의 개수로 레스토랑의 가치를 평가하는데 그 별의 의미는 다음과 같다고 합니다.

미쉐린 가이드(레드) 별의 의미

★★★ : 요리를 맛보기 위해 여행을 떠나도 아깝지 않은 집

★★ : 요리를 맛보기 위해 멀리 찾아갈 만한 집

★ : 요리가 특별히 훌륭한 집

저는 이 별 개수별 평가에 대한 표현이 참 적당하다고 생각합니다. 어떤 음식 명소에 대한 평가로 이보다 간결하면서 명쾌한 표현을 본 적이 없습니다. 음식을 맛보기 위해 멀리 찾아갈 만한 집에서 '멀리'란 100킬로미터까지를 말한다는 부연설명이 있다는 얘기도 들은 것 같습니다. "음식맛을 보기 위해 차를 타고 가는 여행. 차에는 반드시 타이어가 있어야 하고. 그래서 미쉐린이 가이드책을 만든다." 이런 논리라는데 설명을 들으니 이해가 됩니다.

한편, 저는 '별의 의미'란 글을 접하고 이런 생각을 해보았습니다. 미쉐린 가이드에 실린 레스토랑처럼 일부러 멀리까지 찾아갈 만한 가치가 있는 음식명소인데, 내가 어딜 가는 길에 들를 수 있는 길가에 있는 곳이라면 어떨까? 무슨 특정한 먹을거리가 유명한 곳이고, 내가 식사 때가 되었다거나 차를 타고 가면서 군것질거리로 적당한 것을 맛있게 만들어 팔고 있는 곳이라면 어떨까? 다시 말해서, 굳이 찾아 갈 만한 명성이 있는 음식명소인데 내가 지금 지나가는 길가에 있고, 어차피 가다가 식사는 한 번 해야 하는데 지금쯤 먹어도 괜찮고, 차 안에서 심심풀이용 군것질거리가 필요하던 참이었는데 간식거리를 기막히게 잘 하는 데가 있다. 그렇다면 그냥 지나치기가 더 힘들지 않겠는가!

호두과자 휴게소

앞서 얘기한대로 우리나라의 절대 다

수의 휴게소들은 마치 한 사람이 운영하는 것처럼 천편일률적입니다. 이 말을 뒤집어서 생각해보면, 조금만 차별화 된 휴게소가 생기면 쉽게 유명세를 탈 수 있을 것이라는 답이 나옵니다. 여기서 주목해야 할 개념이 있습니다. 휴게소는 그냥 차타고 가다가 쉬어 가는 곳인데 먹을 것도 파는 곳이라는 암암리의 고정관념을 탈피하는 것이 관건이란 것입니다. 그렇다면 어떻게 발상의 전환을 할 것인가. 이렇게 휴게소를 정의 내려 보았습니다. 음식 명소인데 고속도로 길가에 위치해 있는 곳!

"휴게소의 먹을거리 또는 휴게소의 간식하면 무엇이 생각나십니까?"라는 질문에 압도적 1위는 예상한대로 호두과자였습니다. (전국 남녀노소 15인에게 물었습니다.) 새롭게 특이한 메뉴를 선보여서 고객들을 교육시키는 것보다 이미 고객들의 머릿속에 자리잡고 있는 인식을 그대로 이용하는 것이 더 좋을 때가 많습니다. 따라서 고속도로 휴게소를 특화시킬 '꺼리'로 가장 적당한 것은 호두과자라는 것이 제 판단입니다.

일단 휴게소 이름 자체를 '호두과자 휴게소'로 합니다. 지역 이름은 부제로 넣고 아예 휴게소 이름에서부터 호두과자를 특화시키겠다는 의지를 강하게 표현하는 것입니다. 다른 휴게소들이 행여 따라 올지도 모르니 선점하는 효과도 있겠지요. 로고와 심볼도 만들어서 휴게소 간판에도 쓰고 각종 홍보에도 일관성 있게 사용하는 것은 당연한 일입니다.

'세계에서 호두과자가
가장 맛있는 휴게소'

호두과자를 맛있게 만드는 가장 중요한 요소는 좋은 재료와 호두의 양입니다. 물론 그것만 가지고는 '세계에서 가장 맛있는 호두과자'를 만들 순 없습니다. 그래서 맛도 맛이거니와 재미와 스토리텔링 그리고 볼거리까지 마련하는 아이디어를 내봤습니다.

1. 최고의 맛을 연구시키고 계속 신상품을 개발합니다. 아예 이를 전담할 호두과자 연구소를 휴게소 내에 두는 것도 명실상부 의미가 있을 듯합니다.

2. 맛있는 호두과자 경연대회를 엽니다. 이 과정에서 대상과 금상을 수상한 팀에게 휴게소 내의 호두과자 전문점 한 곳씩을 운영할 수 있는 특전을 부상으로 수여합니다. 휴게소엔 각자의 특성이 있는 호두과자 전문점이 다섯 곳 이상이 될 것입니다.

3. 호두과자를 이용한 각종 이벤트를 매일 또는 주말마다 실시합니다. 예를 들어 '호두까기 인형'이란 제목의 발레공연을 하는데, 원작과는 제목만 같고 전혀 다른 코믹극으로 5분짜리를 간이 무대에서 올립니다. 맨손으로 호두를 깨는 차력쇼도 어린이들에게 인기만점이겠지요. 주말 피크타임에 여덟 차례 공연이라든가 하는 규칙성이 뒤따를 것입니다.

4. 고급선물용 호두과자 브랜드를 만들 것입니다. 실제로도 세계에서

가장 맛있는 호두과자를 지향하면서 만들 것이니 여행 갔다 오면서 주는 선물로 딱 좋은 아이템이 될 것입니다. 지금까지 사람들 머릿속에 어느 정도 인식이 되어 있는, 여행 후 선물용이라는 호두과자에 대한 이미지를 한껏 발판 삼아 도약하겠다는 것입니다.

5. '○○호두과자'를 여행 후 고급선물용으로 자리매김함에 있어 브랜딩만 연구하는 게 아닙니다. 실제로 끊임없는 연구를 통해 10시간 내에는 식어도 최대한 맛을 유지할 수 있는 방법을 연구할 것이며 전자레인지에 데워 먹는 최적의 방법 등 메뉴얼도 만들 것입니다.

전국에서 가장 기름값이 싼 휴게소

"전국에서 가장 기름값이 싼 휴게소! 더 싼 곳 있으면 차액 열 배 환불."

"정품 정량 주유소 중에 더 싼 곳 있으면 차액 열 배 환불."

주유를 하기 위함도 주유소에 들르는 중요한 이유입니다. 이에 착안해서 위와 같은 캐치플레이즈를 내걸고 영업을 하는 겁니다. 주유소 영업 자체를 loss leader(스스로는 손해를 감수하고 고객을 불러모으는 역할을 해서 다른 것을 구매하도록 하는 상품)로 간주하고 적용하는 것입니다. 기름을 팔아 큰 이득을 보려고 하지 않으면 됩니다. 정품으로 팔기 경쟁을 한다면 손해야 보지 않을 테고, 호두과자 휴게소에 많은 사람이 올수록 박리다매의 효과도 나타나서 어쩌면 오히려 더 큰 수익을 올릴 수도 있을 것입니다. 결과적으로 전국휴게소 최저가 휘발유값 보장 마케팅은 호두과자 휴게소에게 착하고 믿을 수 있다는 이미지까지 심어줄 수 있어서 휴게소에서 판매하는 다른 모든 것들에게도 영향을 미치게 될 것입니다.

실제로 위 캐치플레이즈처럼 주유소를 운영해야 하는 데 있어, 전국 모든 휴게소의 주유소는 기름값을 인터넷을 통해 공개해야 할 의무가 있어 물리적으로 가능합니다.

사람들은 잘 모르는 중소형마트에 갔을 때 자신이 가격을 아는 물건을 찾아 비교하고 그 마트의 수준을 평가합니다. 전체적으로 싼 마트인지 아닌지, 싸다고 판단되면 대개 필요한 물품보다 좀 더 구매를 하는 성향을 보입니다. 인지상정이겠지요. 휘발유값이 휴게소에서 판매하는 다른 물건들 가격의 이미지에도 영향을 미치고, 좀 싸다 싶으면 필요 이상의 것들까지 구매하는 쇼핑심리와 직결되어 주유소 매출에도 큰 도움이 되리라 예상합니다.

소풍

휴게소의 주타겟은 '가족단위 여행객'으로 정합니다. 그렇게 정하고 나니, 호두과자 휴게소이긴 하지만 호두과자 하나만으로는 좀 부족하단 느낌입니다. 아무리 맛있는 호두과자라고 하더라도 가족단위 여행객에게조차 먹을거리로 충분한 것은 아닐 테니까요.

가족단위 여행객을 타겟으로 잡으니 고속도로와 휴게소 이용이 신나는 여행의 일부분이라는 생각이 들었습니다. 그래서 생각을 좀 더 발전시켜서 '가족의 소풍' 이라는 개념을 도입해 보았습니다.

1. 실내에 소풍이란 주제로 식당을 만드는 데 소풍의 이미지를 떠올려 인테리어를 합니다. 돗자리를 깔고 집에서 가져온 음식물도 먹을 수 있게 합니다.

2. 실외에서도 돗자리를 깔고 앉을 수 있게 분위기를 조성하고 조경도 그에 맞게 해줍니다.

3. 식당의 메뉴도 소풍과 연관이 있는 것으로 합니다. 재밌는 아이디어를 내고(소풍이란 것 자체가 무척 즐거운 일이기에) 추억을 떠올리게 하는 것들을 생각할 수 있겠습니다. 예를 들어 김밥도시락세트에는 사이다와 삶은 계란이 포함되어 있다든가 하는 식으로 말입니다. 초등학교 소풍때 싸갔던 도시락의 추억을 떠올릴 수 있는 메뉴라든가 요즘 어린이들이 좋아하는 메뉴를 재밌게 이름 붙여서 만듭니다.

4. 보물찾기를 어떤 식으로든 시도해보는 것도 괜찮을 것 같습니다. 소풍의 백미는 역시 식사시간과 보물찾기일 테니까요. 도시락세트를 구입하는 어린이들에게 뭔가 재미를 주는 것이 목표이니 100% 당첨하도록 해서 즐거움을 배가시켜 주자는 것이지요. 도시락의 내용물 중에 당첨 쪽지 같은 것이 들어 있어서 행운을 기대하게 하는

즐거움을 주는 겁니다. 사소한 것이라도 당첨된 (보물을 찾은) 고객들에게 호두과자 휴게소는 평생 잊지 못할 추억의 장소로 기억될 것이며 또 가고 싶은 곳이 될 것입니다.

5. 소풍의 컨셉이 아닌 일반식당도 운영할 것입니다. 일반식당에서는 기존 휴게소 식당들이 가진 안 좋은 이미지를 확 걷어낼 것입니다. 가격대비 품질이 떨어진다는 평가가 대부분이었던 휴게소 식당을 시내에 있는 좀 괜찮게 하는 식당 수준으로 끌어올립니다.

한편, 타겟이라는 개념을 제대로 도입하고 있는 휴게소 자체가 거의 없습니다. 타겟을 정확히 설정하는 것만으로도 소매점 경영의 1/3은 수행한 것인데 거의 눈에 띄지 않습니다.

集客後(집객후, 고객이 모이고 난 후)

고객이 모이고 난 후 할 수 있는 일은 무척 많습니다. 그건 마치 돈을 많이 가지게 된 후 할 수 있는 일이 무엇일까 생각해보는 것과 같습니다. 게다가 그 돈이 갑자기 생긴 돈이 아니라 시스템에 의해서 계속 들어오는 돈이라면 더더욱 할 수 있는 일이 많겠지요. 고객이 어떤 매력에 의해서 지속적으로 모이는 것도 마찬가지입니다.

첫째, 아예 휴게소를 리조트 개념으로 추진해볼 수 있습니다. (사실 이게 제일 좋아 보입니다. 궁극적으로는 이렇게 가야 한다고 생각합니다.)

쇼핑도 하고 어린이들이 놀 수 있는 곳. 각자 나이와 관심사에 따라 즐길거리와 쇼핑할 거리가 공존하는 곳. 그렇게 휴게소의 영역이 대폭 확장됩니다. 둘째, 전문 쇼핑몰을 만드는 것입니다. 각종 브랜드들이 들어와서 시 외곽에 있는 명품상설할인매장 스타일의 아울렛 쇼핑몰이 휴게소가 갖고 있는 강점과 결합하는 것입니다. 연중할인매장이면서 정직한 세일행사만 한다면 이것 하나만으로도 휴게소 찾아오는 여성들이 넘쳐날 것입니다. 셋째, 전시장과 홍보관으로 이용할 기업이나 단체들이 많아질 것입니다. 사람이 많이 모이는데, 그것도 중산층 이상의 사람들이 대부분인데, 뭔가를 홍보하고 보여주고 싶어 하는 사람들이 많을 것입니다. 넷째, 전국의 이름난 식당들의 분점을 차리는 것도 생각해 볼만 합니다. 이것은 휴게소가 위치한 지역의 유명식당을 유치하려는 노력을 기울여볼 필요가 있습니다. 처음부터 섭외가 되면 좋겠지만 그렇지 못하더라도 나중에 사람들이 많이 모이는 것을 보여주면 가능하겠지요. 휴게소의 다른 판매장들과 시너지가 일어날 것입니다.

고객을 많이 모을 아이템 및 아이디어와 실제로 많은 고객이 모이는 것. 이 둘의 관계는 선순환적 구조를 가지고 있습니다. 서로가 서로에게 영향을 미치면서 상승 발전해 갈 수 있는 형국이지요. 자, 그럼 그 대표적인 예를 통해 영감을 받아보시지요.

남이섬과 화쟈이웬 그리고,

　　　　　　　　　　한류의 대표적 관광지인 남이섬에 '중국의 10대 식당' 중 하나인 화쟈이웬이 문을 열었습니다. 중국에선 규모와 가격과 맛 면에서 최고 수준의 식당인가 봅니다. 서민들에겐 무척이나 문턱이 높은 고급식당인데 유명하기까지 하답니다. 소위 모셔 오는 일이 쉽지 않았지만 가장 큰 역할을 한 것은 남이섬에 오는 중국 관광객 숫자였습니다. 남이섬 대표인 강우현 사장의 재치 있는 아이디어도 더해졌고요. 처음에는 남이섬과 중국관광성의 요청에도 불가하다며 난색을 표하던 화쟈이웬도 남이섬의 시장성과 한·중 문화교류라는 진정성을 인정하고 입점하게 된 것으로 알고 있습니다.

　남이섬에 화쟈이웬이 문을 연 것은 2011년 5월이었습니다. 이미 중국관광객은 많이 오고 있었지요. 그런데 이때 남이섬은 중국 관광객이 와서 감동을 받을 무언가가 필요하다는 생각을 하게 되었답니다. 중국의 베이징에서도 최고급 식당이 들어와 준다면(중국에서도 말로만 들었던 최고급 식당) 그림이 좋아 보일 것 같았겠지요. 중국 관광객이 이미 많이 찾고 있고 한·중 간의 문화교류에 대한 남이섬의 철학이 확고하니 명분이 충족되었습니다. 그 후 중국 관광객을 더 불러 모으게 되는 시너지로 작용하고 있음은 물론입니다. 고객이 많이 모이게 되니 원래는 스스로도 고객을 부르는 소위 '음식 명소'의 유치가 쉬워져서 시너지를 일으킨 대표적인 사례입니다. '호두과자 휴게소'에서도 그대로 적용할 수 있을 것입니다.

겸사겸사 마케팅

고속도로 휴게소만큼 겸사겸사 마케팅이 제대로 적용되는 곳도 드물 것입니다. 앞에서도 말했지만, 어차피 고속도로에 접어들었으면 웬만하면 한 번쯤은 들르는 곳이 휴게소이기 때문입니다. 반드시 나를 향해 찾아오는 것은 아니면서도 어차피 한두 번은 들러야 하는 곳. 그러한 특성을 이용하면, 같은 노력을 기울였을 때 훨씬 큰 성과를 낼 수 있다는 것이 제 생각입니다.

고속도로가 만들어준 편리함과 안정성이라는 잘 차려진 밥상에서 휴게소는 그저 잘 먹기만 하면 된다고 봅니다. 감사하게.

고객이 많이 모인다는 것, 그것도 동질적인 고객이 한 장소에 연중 끊이지 않고 모인다는 것은 대단히 중요한 의미를 가집니다. 그들을 대상으로 어떤 편익을 제공할까만 연구해도 자연스럽게 사업 아이템은 생겨나고 개선될 것입니다.

Part 4

함께 사는
대한민국을 위하여

지방자치단체를 위하여

성군이기만 하면 독재가 가장 효율적이라는 말이 있다.
문제는 모든 독재자가 스스로를 그렇게 생각한다는 것이다.
– 미상 –

천재이면서 선하기까지 한 지도자를 만난다는 것은 엄청난 행운이다.
보통의 머리를 가진 선한 지도자를 만나는 것도 행운이다.
가장 큰 행운은 경청할 줄 아는 선한 지도자를 만나는 것이다.
– 미상 –

아이디어 하나가 지역경제를 살린다.
– 일본책 제목 –

광고판 이야기

'동북아 물류 중심지 새만금에 투자하십시오', '세종특별자치시에 투자하십시오' 경부고속도로 옆 대형 광고판에 씌어 있는 문구들입니다. 빨리 달리는 차 안에서 잘 보이도록 큰 글씨로 씌어 있습니다. 빨리 읽을 수 있게 하는 데는 성공한 거 같긴 한데, 광고의 궁극적 목적인, '보고 행동에 옮기게 하라'에는 얼마나 성공하고 있는지는 의문입니다.

웬만하면 스마트폰을 모두들 가지고 있습니다. 그래서 궁금한 것이 있으면 바로 검색해보는 사람들이 많습니다. 투자자를 모으고 싶다면 타겟을 명확히 해서 철저히 그들의 이익에 초점을 맞춰 광고판을 구성해야 합니다.

'새만금에서 기업이 어떤 도약을 하게 될지 객관적 자료를 원하시면 검색창에 새만금 승리를 쳐 보세요.'

'세계적으로 행정수도에 투자한 사람들이 5년 만에 얼마나 벌었는지 궁금해요? 검색창에 세종의 혜안을 쳐 보세요.'

'경기도에서 충북으로 옮긴 기업이 물류비를 얼마 절약했는지 아신다면 검색 안 할 수가 없으실 겁니다. 검색창에 정중앙 충북을 쳐 보세요.'

실제로 이 같은 일이 벌어졌습니다. 새만금과 비슷한 조건의 네덜란드 로테르담이 있습니다. 중국과 일본에도 비슷한 선례를 가진 곳이 있습니다. 구체적 선례를 가지고 설득력 있는 데이터를 만들 수 있을 것입니다. 세종시도 마찬가지입니다. 이미 대도시로 포화상태가 된 수도를 따로 분리해서 행정수도를 인위적으로 건설한 사례는 우리나라가 처음이 아닙니다. 그런 여러 나라들에 직원을 파견해서라도 성공할 수 있는 방법들을 잘 활용하면 될 것 같습니다. 한편, 충북에는 경기도에서 옮겨와 물류비를 크게 절약하고 도약한 기업의 사례가 꽤 됩니다. 구체적인 사례들을 모아서 신빙성 있게 자료들을 업종별로 꾸민다면 상당히 설득력 있는 데이터가 될 수 있습니다.

고속도로 광고판이라고 해서 너무 짧게 광고 문구를 써야 한다는 부담은 떨쳐 버려도 괜찮을 듯합니다. 왜냐하면, 대규모 투자를 할 사람은 상당수 자신이 운전을 하지 않고 뒷좌석에 앉습니다. 또, 소규모 투자라도 거의 모든 투자자는 구걸하듯 애원해봐야 오히려 도망갑니다. 게다가 투자자는 이익이 되는 일이라는 감이 오면, 기억을 했다가 찾아보기 마련입니다.

"군수님들 왜 그러고 서 계세요"

2001년 인터넷신문 오마이뉴스엔 지자체 광고에 대한 의미 있는 기사가 실렸습니다. 종로와 을지로에 퍼져 있는 지자체 광고판들의 공통점은 하나같이 시장 군수들이 팔 벌리고 어색하게 서 있는 모습들이었습니다. 이를 '군수님들 왜 그렇게 서 계세요?' 라는 제목을 달아 십여 장의 사진과 함께 실었습니다. 당시 시청과 을지로 일대에만 수십 개의 지자체 광고가 있었는데, 그중 대부분이 같은 포즈의 자치단체장이 화면의 반을 차지한 광고였습니다. 10년이 지난 지금이라고 크게 달라지지 않았습니다. 포즈만 달라졌지 시장과 군수의 얼굴이 나오는 광고는 아직도 심심찮게 찾아볼 수 있습니다. 정말 시장이나 군수의 모습이 전체의 반을 차지하는 대형광고판이 효과가 있다고 생각하는 것일까요? 문제는 이것이 세금으로 진행되는 사업이라는 것이지요. 아이디어 부재로만 끝나는 게 아니라 낭비를 넘어 지자체장 개인의 만족과 홍보에 잘못 쓰이고 있는 것입니다.

전국에 ○○아가씨 선발대회만 200여 개

　　　　　　　문화체육관광부의 전국 시도별 축제 현황에 따르면 전국 지자체가 주최하는 지역 축제 수는 2012년 기준, 2,429개랍니다. 하루 8개, 읍 면 동까지 합하면 3,500여 개가 족히 넘습니다. 중앙과 지방정부의 예산만 1조 원이 훨씬 넘을 것입니다. 주민 자체 예산 등을 더하면 이 예산은 더 많습니다. 2013년 축제공화국 대한민국의 모습입니다. 지역 축제라는 것이 특산물을 알리고 관광객을 불러 모으는 계기로 삼는 등 긍정적인 면이 없는 것은 아닐 것입니다. 그러나 지역과 특산물의 이름을 앞세운 아가씨 선발대회가 전국적으로 연간 200여 개나 개최된다는 사실은 아무리 생각해봐도 긍정적으로 보이지 않습니다. 축제건 선발대회건 소위 그들만의 잔치조차 되지 못하는 경우가 많은 것이 현실입니다.

아이디어와 철학의 유무(有無)

　　　　　　　이것이 예산 낭비 행정이라면, 그 근본 원인은 아이디어 부재(不在)라고 생각합니다. 아이디어와 마케팅의 부재. 지금 지자체장은 부정부패만 하지 않으면 자리를 보전하는 데 아무런 문제가 없습니다. 잘못된 정책이라든가 어처구니없는 실수를 해도 사법처리 되지 않습니다. 심지어 거의 정신 나간 발언이나 행동을 해도 탄핵으로 가기에는 현실의 벽이 너무도 높습니다. 만약에 차기 선거가 없다면 브레이크 없는 폭주기관차 같았을 지자체장들의 모습을 찾는 것도 그리 어려운 일이 아닌 시대입니다.

물론, 정반대의 상황도 있습니다. 그야말로 무에서 유를 창조하는 자치단체장도 있습니다. 많은 인용이 되고 있는 것으로 알고 있습니다만, 전라남도 함평군이 좋은 예입니다. 모든 시골에 똑같이 퍼져 있는 나비를 함평군만의 것으로 만들어 버리고, 함평군을 생태체험관광의 명소로 확실하게 자리매김 하는 데 군수의 역량은 절대적인 것이었습니다. 그런데, 함평군도 '나비군수'가 들어서기 전에는 유채꽃 축제가 예정되어 있었습니다. 무난하게 그냥 유채꽃축제로 가자는 군 관계자들의 수많은 반대를 무릅써야 했답니다. 혁신적인 아이디어는 늘 그런 과정을 거치기 마련인가 봅니다.

고객 중심으로 생각하라

스토리텔링을 만들어도 고객 중심으로 만들어야 합니다. 단순히 어느 바위에 얽힌 전설로는 흥미를 끌지 못합니다. 이런 볼거리가 있으니 보러 오시라는 식의 마케팅은 진부하고 외면당하기 쉽습니다. 지역 특산물을 이용한 축제도 차별성을 갖지 못하는 경우가 더 많아 보입니다. 쌀만 해도 전국적으로 무려 1,900여 개의 브랜드가 있습니다. 190개가 아닙니다. 이런 상황에서 지역과 특산물을 매칭시켜서 고객들의 머릿속에 넣는 일이 얼마나 힘든 일인지 알 수 있을 것입니다. 또 어느 정도 그랬다손 치더라도 그게 얼마나 설득력이 있을까요?

그래서 생각해보았습니다. 천혜의 자연이 없다면, 천년의 휘황찬란한 유적이 없다면, 수천 년의 인류 흔적이 없다면 '사람'이 있습니다. 로맨스에 관계된 개념을 도시에 접목시키는 아이디어가 있습니다. 짝짓기와 연관된 프로그램이 큰 인기를 끌고 있고 연애는 사람들의 최대의 관심사입니다. 이런 현상에 편승한다기보다는 중독성과 호기심 그리고 지속성이 있을 아이템이란 것입니다. 원래 대박은 이런 본능에 충실한 영역에서 나는 법입니다. 더 구체적인 아이디어는 각 지자체별마다 다른 맞춤 형식이 필요합니다. 함평군처럼 가족단위의 관광객을 모으거나 친환경 농산물에 초점을 맞추고 있는 곳이 너무 많기에 아이디어와 선점 차원에서 언급해 보았습니다. 로맨스는 한 예(例)이고 그렇다면 획기적이면서 실질적인 아이디어는 어떻게 얻는 것일까요?

공모하라! 통 큰 상금과 채용을 걸고

각 지역에 맞는 관광객 유치의 아이디어를 공모합니다. 지역 시민단체라든가 마을 단위로 아이디어를 내도록 합니다. 이때 통 큰 지원책을 내걸어야 합니다. 관청에서 자치단체장과 공무원 몇 명이서 낸 아이디어보다 훨씬 현실감 있는 것들이 쏟아질 가능성이 높습니다. 지금까지도 이런 일들이 없었던 것은 아니었으나 가장 큰 문제는 화제가 되지 못했다는 점입니다. 관심을 끌지 못하니 좋은 아이디어가 나오지 못했던 것입니다.

매주 당첨자가 나오는 로또가 어느 주에 당첨자가 나오지 않아 당첨금이 이월되면 그 다음 주에 로또 판매량이 폭증하는 것처럼 사람들의 심리는 화제가 되면 모이게 되어 있습니다. 1등 3억 원, 2등 1억 원, 3등 3천만 원 정도로 큰 상금을 걸면 상황은 달라질 것입니다. 그리고 원하는 사람은 공무원으로 채용하겠다고 하는 것입니다. 좋은 아이디어가 없으면 이월합니다. 꼭 일 년마다 하지 않고 3개월 공모했다가 1~2개월 심사하고 없으면 누적 상금 합해서 다시 공모하는 겁니다.

반드시 지역 내에서 화제가 되어야 합니다. 누적 상금이 5억 원이 넘으면 틀림없이 전국적으로 화제가 됩니다. 제대로 된 것 하나만 건져도 10억 원은 아깝지 않을 것입니다. 아이디어 낸 사람 한 명 뽑는 것은 흔합니다. 이것도 화제를 불러일으키려면 쇼킹해야 합니다.

그런 의미에서 제안합니다. 동반 캐스팅 제도를 도입하는 것입니다. 두 명을 채용한다는 의미지요. 아이디어를 낸 사람과 그가 지명하는 한 사람. 애인이든 부부든 친구든 형제든 부모 자식간이든 두 명을 채용해주는 것입니다. 이런 경우는 없었기 때문에 상당한 관심을 끌 수 있으리라 생각됩니다. 좋은 아이디어나 정책이 제안될 가능성이 분명히 높아질 것입니다.

낙하산도 하기 나름

국내 굴지의 대기업에서 있었던 실화입니다. 창업자의 아들이 낙하산으로 사장에 취임했답니다. 흔히 있는 일이지요. 이전 사장도 창업자의 동생이었으니 새로울 것도 없었습니다. 그런데 이 새 사장은 취임하자마자 몇 가지 획기적인 정책을 실시했는데 그중 직원들 사이에서 가장 화제가 되었던 정책이 있었습니다. 그것은 상금 및 포상회식비 인상이었다고 합니다. 일거에 무려 30배를 올렸다고 합니다. 당시가 IMF 한복판이었던 것을 생각하면 나름 의미가 있었다고 평가합니다. 역시 예상대로 개인 제안과 팀별 경쟁작이 쏟아졌다고 합니다. 2배나 5배 정도 올려서는 얻을 수 없는 결과였을 것입니다. 그 이유 때문만은 아니었겠지만 현 회장 취임 후 14년 만에 그 회사의 주가는 약 25배가 뛰었습니다.

하나에 집중하라,
정 안 되면 두 개까지만

지자체는 여러 집단의 이해관계가 복잡하게 얽혀 있는 곳입니다. 그래서겠지만, 마케팅의 기본과는 멀어도 너무 먼 슬로건들이 넘쳐납니다. 선택과 집중의 원칙에 어긋나는 모습이 너무 많이 보입니다. 도시 이름 앞에 의료, 기업, 관광, 물류, 과학기술, 도자기, 친환경, 교육, 역사, 전통, 한방, 맛, 허브, 사과, 대추 등 보통 서너 개의 단어들이 붙습니다. 기업하기 좋은 도시면 기업 관련 단어로, 친환경이면 친환경, 은퇴면 은퇴, 휴양이면 휴양, 해양 레저면 해양 레저로 단순화시켜서 역량을 집중해야 합니다. 물론, 대단히 어려운 일입니다. 이해관계가 첨예하게 대립될 수 있는 문제이기 때문입니다. 그러나 해야 합니다. 하나로 밀고 다른 분야는 잠시 숨고르기를 하다가 제대로 집중된 분야에 편승하든지 시치미를 뚝 떼고 다른 식으로 정책을 만들고 홍보해야 합니다. 시민들과 대화하고 토론하고 공론화 과정을 거친다면 불만을 최소화하면서 공동체의 역량을 결집시킬 수 있을 것입니다.

'여수 밤바다'

그런 의미에서 구체적인 아이디어를 하나 내 보겠습니다.

2012년 엑스포를 거치면서 여수라는 도시는 비약적인 발전을 했지요. 그런데, 엑스포장을 사후 어떻게 활용할지는 몰라도 대전처럼(1993년 엑스포 개최 후 활용 사실상 전무) 되는 것은 아닌지 염려하는 사람들이 많은 것 같습니다. 엑스포라는 것이 사후에도 잘만 활용하면 훌륭한 관광지가 되겠지만 그렇지 못하면 흘러간 옛노래로 전락할 가능성도 크기 때문입니다. 어르신들 관광버스 단체관람과 수학여행만 몇 해 이어지다 사그라드는 것이 최악의 시나리오입니다.

그래서 야경(夜景)을 생각해봤습니다. 최근 '여수 밤바다' 라는 노래가 대중적으로도 큰 인기를 끈 일이 있었는데요. 이를 계기로 생각해본 것입니다. 실제로 여수는 엑스포를 거치면서 LED 조명을 이용한 바다 야경을 아름답게 조성해놓았고 언젠가 보았던 산업단지 야경도 나름 괜찮았습니다.

야경이 좋다고 소문난 관광지로는 세계적으로 홍콩과 라스베가스 등이 있지요. 우리나라에서는 아직 확실하게 도시 이름과 결부지어서 브랜딩에 성공한 곳은 없습니다. 그냥 야경이라고 하기엔 약간 식상한 면이 있으니 '여수 밤바다' 를 도시의 관광 슬로건으로 삼는 것은 어떨까 합니다.

'여수 밤바다' 라는 슬로건 속에는 다음과 같은 뜻이 내포되어 있다고 생각합니다. 첫째, 젊다. 나이든 분들은 평소에도 일찍 자고 새벽에 깨십니다. 관광을 가더라도 비슷하지요. 하물며 밤에 바닷가를 싸돌아 다니시진 않지요. 둘째, 낭만적이다. 겨울 바다도 낭만적으로 생각하는 사람이 수두룩한데 그에 비하면 밤바다는 낭만 그 자체지요. 셋째, 1박 필수. 모든 관광지의 궁극 목표가 두 가지가 있는데, 하나는 숙박이고 다른 하나는 재방문입니다. 왔으면 자고 가게 하고, 갔으면 다시 오게 한다. '밤바다' 라는 말에는 관광지들의 영원한 숙제 두 가지 중의 하나인 숙박문제에 대한 해결책이 들어 있는 것입니다.

'여수 밤바다' 라는 분명한 관광 슬로건을 내걸고 가요제를 여는 것은 어떨까요? 이름하여 '여수 밤바다 가요제'. 그리고 그 가요제엔 항상 특별상 부문이 있는데 여수 밤바다를 가장 낭만적으로 잘 표현한 노래에 수여하는 것이지요. 대상과 같은 액수의 상금이라든가 음반을 제작해준다든가 하는 특별한 대우를 해준다면 나름 화제가 되지 않을까요? 회를 거듭할수록 좋은 노래가 나오고 히트도 한다면 관광지로서의 여수 위상을 확고히 하는 데 상당한 도움을 주리라 생각합니다.

양날의 칼

　　　　　　지방자치제는 양날의 칼이라고 생각합니다. 전반적으로는 성공을 거두고 있지만 지역별로 그렇지 못한 사례들도 많이 있습니다. 우리나라가 선진국 대열로 들어갈수록 지방의 권한과 역할이 커질 것이고 그에 비례해서 각 지자체의 성패도 극명해질 것입니다. 이해관계가 다른 지역민들의 의견을 조율해 가면서 중앙정부와의 관계도 긴밀해야 합니다. 그런데 지방자치제라는 제도의 취지 중 하나는, 역시 각 지자체의 특색을 살려 개성과 고유문화와 정체성을 찾아 간직해 나가는 것입니다. 결론적으로, 지자체가 제대로 된 마케팅과 아이디어를 널리 구하는 데 좀 더 초점을 맞추는 것에 이 글이 일조하기를 바랍니다.

전통시장을 위하여

매일 싸게 구입해서 매일 싸게 팔아라.
그리고 물건을 팔 때, 웃어라!
– 샘 월튼(월 마트 창업자) –

같은 일을 5년 하면 전문가다.
그런데 열심히 10년 하면 Art다.
– 미상 –

2008년 9월 15일은 제가 혼자 정한 '대형유통업체 소매시장 평정의 날' 입니다.

우리나라 사람들이라면 거의 다 먹어본 빙그레 바나나맛 우유가 대형할인점의 PL(Private Label, 자체 상표) 요구에 굴복한 날이기 때문입니다. 빙그레의 바나나맛 우유 PL 형태 공급은 갈수록 거대 권력화 하는 유통파워 앞에서는 업계의 독보적 일등조차 어쩔 수 없다는 현실을 그대로 보여준 하나의 사건입니다. 사실 빙그레뿐 아니라 업계 1위 브랜드를 갖고 있는 거의 모든 기업들은 이구동성으로 "업계 선두로서 대형할인점의 PL요구에 결코 응하지 않을 것"이라고 해왔던 터였습니다. 그러나 속사정은 빙그레 바나나맛 우유 이전에 이미 많은 업계 1위 브랜드가 백기 투항을 했습니다,

언론에 난 빙그레 관계자의 말을 옮겨보면, "빙그레가 바나나맛 우유

만 만드는 것도 아닌데 PL 못 만든다고 버텼다가 다른 제품들이 할인점 매대서 빠지거나 구석으로 옮겨지는 위험을 감수할 수는 없는 것 아니냐. 처음엔 용기도 단지형으로 똑같이 해달라는 요구를 받았지만, 그것만은 불가능하다고 버틴 끝에 용기는 달리하기로 합의했다"고 말했답니다. 그의 솔직한 말 속에 2008년 말의 우리나라 대형유통업체와 제조업체의 현실이 그대로 드러나 있다고 판단됩니다.

저는 서두에서 언급한 것처럼, 이 '빙그레 바나나맛 우유 사건'을 대단히 상징적인 사건으로 보았습니다. 거대한 둑의 한쪽에 주먹만 하긴 하지만 드디어 구멍이 뚫린 격이지요. 다시 말해서 둑은 이미 무너진 것이나 다름없다는 말이겠지요. 얼마나 급속도로 무너지느냐의 문제만 남았을 뿐입니다. 대형할인점으로 상징되는 대형유통업체에 제조업체들이 완전히 무릎을 꿇고 소위 갑과 을의 관계로 확실하게 자리매김 하게 된 상징적 사건으로 판단되었습니다.

저는 이런 두 세력 간의 확실한 상하의 관계정립이 국가 경제는 물론이고 사회적으로도 바람직하지 않다고 생각합니다. 기술이나 품질에 대한 투자에는 관심이 현저히 작아지고 무한가격경쟁만 남게 되는 결과를 초래할 것이기 때문입니다. 결국 국가경제를 기형적으로 만들고 말 것이라는 뜻입니다. 뿐만 아니라, 사회적으로는 정의와는 갈수록 멀어져가는 분위기를 조성할 것입니다. 동등해야 할 사회적 관계들이 갑과 을의 왜곡된 형태로 보편화되는 데 적지 않은 역할을 하겠지요.

현재의 대형할인점은 기존 대기업의 악행을 그대로 답습하고 있는 경우가 많습니다. 우리나라 대기업의 어두운 면으로는, 품질개선과 기술개발에 투자하기보다는 하청업체 쥐어짜기 등을 통해 원가절감을 하고 생사여탈권을 가지고 납품업체를 무한경쟁 시키기 등이 대표적입니다. 이런 행태가 그대로 대형할인점이나 대기업소속의 편의점 체인에서 자행되고 있습니다. 구체적으로 생각하고 분석할수록 더 이상 비정상적인 방향으로 가지 못하게 바로 잡아야 한다는 판단입니다.

그래서 전통시장이 살아야 합니다. 종속관계가 아닌 상생이 살아 숨 쉬는 전통시장만이 대기업 마인드로 무장한 대형할인점 등 대형유통업체에 맞설 현실적 대안이기 때문입니다. 물론, 이런 다소 복잡하고 구조적인 내용이 아니더라도 전통시장이 살아나야 할 이유는 많습니다. 수많은 상인들과 그에 딸린 가족들의 생존권이 걸린 절박한 문제라는 것이 우선 생각나는 이유일 것이고, 약간의 불편만 감수하면 훨씬 싸고 신선한 농수산물을 살 수 있었는데 그 기회가 갈수록 사라져서 피해를 입게 될 일반 소비자들 때문이기도 합니다.

결국, 이런 여러 가지 문제의식이 저로 하여금 전통시장을 살리는 아이디어를 생각하게 했습니다.

상인들 '스스로'가 가장 중요

♪ 새벽종이 울렸네 새아침이 밝았네
너도나도 일어나 새마을을 만드세
살기 좋은 내 마을 우리 힘으로 만드세♬

··· 중략 ···

♪ 서로서로 도와서 땀 흘려서 일하고
소득증대 힘써서 부자마을 만드세♬

새마을운동의 가장 큰 의의는 스스로의 힘으로 자기 고장을 발전시킬 수 있게 주민들의 의식을 고양시켰다는 데 있다고 생각합니다. 정부에서 해줄 수 있는 게 한계가 있었기에 어쩔 수 없이 선택한 기조라고 볼 수도 있겠습니다. 그러나 뭐든 스스로의 의지로 하지 않으면 성공할 수 없다는 것 또한 진리이기에 '살기 좋은 내 마을 우리 힘으로 만드세' 정신이 새마을운동을 성공적으로 이끄는 데 가장 중요한 기여를 했다고 생각합니다.

전통시장을 살리는 것은 사실 새마을운동의 취지와 비슷한 성격을 갖고 있습니다. 스스로의 힘으로 일어서는 것이 핵심입니다. 우리 이렇게 가다간 너나 할 것 없이 다 죽는다는 절박함으로 상인들끼리 뭉쳐서 아이디어도 내고 자치규약도 만들고 지방자치단체에 필요한 것을 요구해야 합니다. '스스로'가 먼저고 지원이 나중입니다.

저는 여기서 그 '스스로'를 어떻게 할 것인가에 대한 아이디어를 내서 향후 우리가 만들게 될 우리 전통시장의 전체적인 그림을 조감도처럼 그려주려 합니다. 전통시장 내에서 현업에 종사하고 계시는 분들 중에서는 읽으면서 첫 단추를 꿰는 느낌을 가지실 수도 있다고 생각합니다. 근래에 대형할인점과 대기업이 운영하는 편의점이 전국의 소매업을 장악하면서 부작용이 나타나기 시작하자, 중앙과 지방정부는 전통시장 살리기에 법적 행정적 노력을 다하고 있습니다. 그런데, '밑 빠진 독에 물 붓는' 격의 지원을 하고 있는 것은 아닌지 중간 점검을 한번 해볼 필요가 있다는 생각입니다. 일회성 이벤트와 그들만의 잔치라는 오명을 쓰는 시장축제를 무감각하게 지원해주고 있는 것은 아닌지 말입니다.

그래서 저는 실질적인 아이디어도 더불어 생각해보았습니다. 당장 전국의 전통시장에 어울리고 적용될 수 있는 아이디어들이라고 생각합니다. 이 책에 씌어 있는 아이디어들로 인해 전통시장이 조금이라도 생기를 찾아 옛날의 명성을 되찾기를 바랍니다.

컨셉

'지역 소비자들이 직접 참여하는 시장'

컨셉이라고 해도 좋고 대명제(大命題)라고 표현해도 좋을 이 한 문장이 앞으로 전통시장의 부흥과 관계된 모든 아이디어나 이벤트 그리고 정책과 제도에 적용될 것입니다.

지역 소비자들이 직접 참여하는 시장이라는 이 문장에는 시장이 단순히 물건을 사고파는 곳이 아니라 지역 사회의 중심 나아가 공동체 의식까지 형성되는 걸 목표로 하고 있다는 것을 내포하고 있습니다.

자, 그럼 '지역 소비자들이 직접 참여하는 시장' 이라는 대명제(大命

題) 아래 한국의 전통시장을 부흥시킬 아이디어들을 차근차근 풀어보겠습니다.

소비자위원회

'전통시장살리기'는 대단한 명분이 있는 말입니다. 아울러 2013년 현재 정치권과 언론에서 이슈가 되고 있는 '경제민주화'와도 맥이 닿아 있는 주제이기도 하고요. 전통시장을 살리는 일은 더 이상 전통시장 상인들끼리만 알아서 해야 할 일은 아니라는 데 모두들 공감합니다. 그래서 정부와 국회 지자체 모두들 관심을 갖고 노력하고 있지요. 저는 여기서 우리 사회에서 중요한 이슈마다 목소리를 내고 나름의 역할을 담당하고 있는 한 부류의 단체를 주목합니다. 바로 시민사회단체입니다.

전국적으로 시민사회단체들이 '전통시장살리기운동'이라는 이름으로 행한 각종 이벤트들이라든가 행사는 많아왔고 지금 이 순간에도 그러하리라 생각합니다. 문제는 이런 '운동'들이 일회성에 그치는 경우가 대부분이라는 데 있습니다. 설날이나 추석 때 전통시장에서 장보기 캠페인은 그래도 구체적인 장보기 비용을 제시하니 좀 낫습니다. 그런데 수십 개 단체들이 참여하는 시민 다짐대회라는 것부터 시작해서 어깨띠를 두르고 전통시장을 이용하자는 호소를 하는 스타일도 많고 심지어는 서명운동을 하는 경우도 있습니다. 저는 그런 일련의 전통시장을 살리자는 행동들에 취지에는 십분 공감하나 좀 불편한 느낌을 받았습니다. 몇 가지 이유에서 그랬는데요. 첫째, "씨름은 우리의 전통운동이니 국민여러분 우리가 당연히 좋아해줘야 합니다"라고 외치는 것 같았습니다. 좋아하고 싫어하는 것은 누가 시키고 강요한다고 될 성질의 것이 아니지 않습니까? 우격다짐으로 될 일이 따로 있겠지요. 둘째, 아이디어의 부재를 느꼈습니다. 얼마나 아이디어가 없었으면 궐기대회 같은 걸 할까 안쓰럽기까지 했습니다. 마치 지자체장 뽑아놓으니까 바로 ○○아가씨 선발대회 한다고 약속이나 한 듯이 세금을 써대는 모습을 보는 것 같았습니다. 그렇게 순식간에 생긴 전국의 ○○아가씨 선발대회가 200여 개라니. 셋째, 관변단체들이 우러나는 마음 없이 자치단체장하고 보여주기식 행사하는 것 아닌가 하는 생각이 들었습니다. 선거를 의식하는 자치단체장에게 전통시장이 갖는 상징성은 재선가도에 중요한 역할을 할 수밖에 없기 때문이지요.

지역 시민사회단체를 찾든지 만들든지

소비자단체라든가 주부모임이라든가 전통시장의 상권 내에서 활동하고 있는 시민사회단체들이 웬만하면 있을 것으로 생각됩니다. 없다면 육아모임이라든가 좋은 학부모모임 등으로 범위를 좀 더 확대해보는 것도 괜찮겠지요. 이들 단체와 연계해서 우리 전통시장의 소비자위원회를 구성하는 것입니다. 만약에 단체들과 연계해서 만드는 것이 여의치 않다면 직접 만드는 것도 한 방법일 수 있겠습니다. 초기에는 조금 힘이 들지 몰라도 더 탄탄하게 운영될 수 있을 것도 같습니다.

전통시장의 소비자위원회에서 하는 일은 전통시장 내에서 판매되는 모든 상품들의 품질평가 및 소비자입장에서 시장운영에 관한 의견을 개진하는 일입니다. 기업으로 보자면 사외이사역할과 소비자평가단을 합해놓은 역할이라고 볼 수 있을 것 같습니다. 위원들에게는 온누리상품권이라든가 우수상품 선구매권, 시장공동이벤트 우대할인권 등의 실질적인 혜택이 돌아갈 것입니다.

소비자위원회의 역할과 효과

"우리 전통시장에는 상품을 객관적으로 평가해주시는 소비자위원회가 있습니다. 고객여러분에게서 직접도 듣지만 저희 상인들은 소비자위원들로부터 냉정한 평가를 받습니다." 이렇게 광고를 합니다.

소비자위원회에서는 시장차원의 행사상품 사전 품질 평가를 합니다. "이번에 고창수박 이천 통을 들여왔는데 **시장 소비자위원회에서 당도측정을 한 결과 평균 12브릭스로 합격점을 받았기에 지역의 소비자 여러분께 안내 드립니다." 이런 광고문자가 핸드폰으로 갑니다.

소비자위원회의 생명은 도덕성과 객관성입니다. 우리와 똑같은 소비자 입장에서 상품을 미리 평가해주고 권할 만한 상품만 안내를 해준다는 믿음을 다른 일반 소비자들에게 심어주기 위함입니다. 그 신뢰가 깊어질수록 전통시장의 매출과 선순환 관계가 성립될 것입니다.

이런 그림도 그려집니다. 신학기 문방구를 시장 내 문구상과 소비자위원회가 공동으로 기획을 합니다. 품질을 보장하는 것과 가격이 적당한 것들로 소비자 입장에서 세트를 구성합니다. 소비자가 직접 참여한 구성이라는 점과 대형마트와의 가격 비교까지 곁들여진다면 발길을 당기는 효과가 충분하리라고 생각합니다. 크리스마스 시즌에도 케이크를 5개 팔면 하나는 지역의 소외된 시설이라든가 어린이들에게 전달되도록 하는 것도 괜찮을 것 같네요. 전통시장을 이용하는 것 자체가 착한 일을 한다는 이미지를 심어주니까요.

결국 대형마트는 따라 오기 힘든 전통시장만이 가진 것을 십분 살리자는 것입니다. 바로 명분이지요. 지역사회와 시장을 같이 운영한다는 개념. 나아가 상권 내 사람들과 공동체의식을 공유하는 것. 이것이 소비자위원회를 통해 궁극적으로 얻고자 하는 전통시장의 이상적인 모습입니다.

공짜로 줘라, 그리고 톰 소여처럼

소매점에게 고객을 일단 오게 만드는 것이 얼마나 중요한 것인가는 아무리 강조해도 넘칠 수 없는 정도지요. 그게 그렇게도 중요한 것인 줄 알기에 세계적인 햄버거가게에서도 아이스크림을 단돈 300원에 팔았겠지요. 소위 미끼상품으로 말입니다. 참고로 10년 전 처음 팔 땐 300원이었는데 지금은 400원이라네요. 그리고 그 아이디어는 우리나라 직원이 낸 것으로, 효과적이라고 결정나서 전 세계적으로 확산된 마케팅기법이라는 것도 언급하지 않을 수 없습니다.

한편, 대형마트의 가장 큰 매력 중 하나가 시식코너입니다. 여기저기 돌아다니면서 하나씩 집어 먹는 재미가 어른, 아이 할 것 없이 쏠쏠하지요. 그런데 그것이 마트 전체적으로 보았을 때는 큰 효자랍니다. 소비자들로 하여금 어떤 빚진 느낌을 갖게 해서 매출에 큰 도움을 준다는 것이지요. 언뜻 보면 거저 주는 것 같지만 전체적으로는 그렇지 않다는 것, 이것이 핵심입니다.

우리가 전통시장에 가면 은근 기대하는 것이 있습니다. 추억을 가진 제 또래의 40대 중년들은 말할 것도 없고 어린아이들까지 공통으로 찾는 것. 그것은 길거리간식입니다. 붕어빵, 호떡, 떡볶이, 오뎅(어묵이라고 하면 마치 자장면이라고 하는 것 같아서), 튀김, 만두 뭐 이런 것들 말입니다. 저희들은 이런 거 얻어먹는 재미로 엄마 손잡고 시장에 따라가려고 했었지요. 지금 아이들의 입맛도 별로 달라지지 않은 것 같습니다. 피자나 햄버거에 길들여져 있다고는 하나 떡볶이, 튀김, 만두, 오뎅, 호떡을 싫어하는 어린이 별로 못 봤으니까요. 결국 어른들부터 어린아이들까지 모두들 좋아하는 국민 음식 길거리간식! 이걸 '미끼'로 이용하자는 겁니다.

붕어빵이든 호떡이든

붕어빵이든 호떡이든 만들 수 있는 기계를 전통시장 차원에서 구입합니다. 품목은 각자 시장의 실정에 맞게(기존 시장상인의 영역을 최대한 존중하는 범위에서 협의하여) 정합니다. 그리고 주말마다(나중엔 매일) 시장에 오는 고객들에게 공짜로 나눠줍니다. 그것도 즉석에서 아주 맛있게 만들어서요. 붕어빵이나 호떡, 오뎅 등을 맛있게 만드는 방법은 아주 아주 간단합니다. 좋은 재료를 아낌없이 넣는 게 비결입니다. 그렇게 해도 붕어빵의 순수 재료원가는 100원 남짓입니다. 하루에 1,000개를 나눠줘도 10만 원이란 얘기지요. 판촉비로 이 정도는 씁시다.

톰 소여식으로

자, 그럼 누가 이걸 구워서 나눠줄 것인가. 이걸 시장 상인들에게 의무적으로 순번이 돌아가는 노동이라고 생각하면 만들어서 제공하는 사람이나 먹는 사람이나 즐거울 리가 없습니다. 그렇다면 어떻게 해야 할 것인가. 답은 재미입니다.

시장을 찾는 고객들에게 광고를 합니다. 시장에서 고객들에게 공짜로 붕어빵을 즉석에서 구워서 제공하는 재밌는 일을 하고 싶은 가족들의 신청을 받는다고 말입니다. 이걸 아주 재밌어서 서로 하겠다는 분위기가 형성되도록 해야 합니다. 또 초등학교 6학년 어린이들이 의미 있는 일을 할 수 있도록 터를 마련해줄 수도 있습니다. 옆에 좋은 일에 쓸 모금함을 설치할 수 있게 해주는 것이지요.

그런데 이게 왜 톰 소여식이냐고 물으신다면, 앞장을 안 읽어보셨군요라고 대답하렵니다. 그럼 찾아보기 귀찮은 분들을 위해 말씀드리겠습니다. '톰 소여의 모험'의 주인공 그 톰이 말썽을 피운 벌로 이모에게 울타리 페인트 칠하기 '벌'을 명 받습니다. 분명 '벌'이었는데 울타리 칠하는 것을 무척 재미있는 일인 양 친구들 앞에서 폼을 잡으니 친구들이 '500원'씩 내고 한번 칠해보겠다고 줄을 선, 마케팅 역사상 한 획을 그은 사건이 벌어집니다. 그런 식이 제가 명명한 톰 소여식 마케팅이랍니다.

주차장이 부족합니다.
그래서……

마케팅을 공부한 사람들에게는 아주 유명한 '우리는 2등입니다' 캠페인이 있습니다. 미국의 에이비스렌터카의 광고문구였는데요, 에이비스렌터카가 광고를 하려고 '꺼리'를 찾아보는데 아무리 봐도 1등 업체보다 나은 것이 없더랍니다. 그래서 나온 것인데 그게 마케팅계의 전설이 되었습니다.

'우리는 2등입니다' 캠페인은 두 개의 문장으로 요약됩니다. "우리는 렌턴카 회사에서 2위입니다. 그런데 왜 고객들은 우리를 이용할까요?" 와 "우리는 2등입니다. 그렇기 때문에 더욱 열심히 노력하겠습니다"입니다. 뭐 더 이상 무슨 설명이 필요할까요. 그냥 이 광고문구들을 보고 에이비스렌터카에 호의를 느꼈다면 다른 사람들도 그랬을 거라는 사실 정도만 말씀드립니다.

주차장도 없는데 고객님들은 왜 찾아주실까요?

이 문장을 본 사람들은 무슨 생각을 할까요? "그래, 틀림없이 뭔가 특별한 것이 있겠지. 전통시장이니까 농수산물이 신선하고 싸니까 그런 거 아닐까? 에누리하고 떨이문화 같은 인간적인 판매가 정(情)스러워서 사람들이 그걸 찾아가는 걸 거야" 등 갑작스레 이유를 찾기에 순간적으로나마 골몰할 것 같습니다. 다소 도발적인 이 문구는 우리 전통시장에는 확실한 장점이 있다는 것을 전제로 하고 있습니다.

그냥 그렇게 광고문구만 던져 줘도 괜찮을 것 같고, 간략하게 답을 밀어 넣어도 나쁘지 않을 것 같습니다.

주차장이 없습니다. 그래서……

우리는 더 싸게 팔려고 노력합니다. 신선한 농수산물을 대형마트보다 싸게 팝니다. 더 친절하려고 노력합니다. 5만 원 이상 쇼핑하시면 택시비가 남습니다.

주차장이 없다는 것은 모두 아는 사실이니 그것을 아예 이런 식으로 드러내서 '논리'의 근거로 삼아버리자는 것입니다. 그래서 더 싸게 팔려고 한다. 그래서 더 신선한 농수산물을 팔려고 항상 노력한다. 봉지도 들고 다니기 더 편리하게 만들려고 한다(이 부분은 실제로 정부차원의 지원이 필요합니다). 다시 말해서, 왜 싸게 파는지, 왜 에누리와 덤이 있는지에 대한 합당한 이유를 대 줌으로써 소비자들로 하여금 스스로 이해했다고 생각하게 하는 것이지요.

당연한 얘기지만 이런 모든 것들은 광고문구 속에서만 있어선 안 됩니다. 실제로 시장 구성원들에게 이런 우리의 약점을 다시 한 번 분명히 인식하고 이를 극복하기 위한 노력을 하는 동기가 되어야 합니다.

Ex-Market

이 글의 서두에 저는 이런 말을 썼습니다. 뭐든 꾸준히 5년을 하면 전문가이고 10년을 열심히 하면 예술이라고 말입니다. 전통시장의 상인들은 대부분 몇 년에서부터 길게는 평생을 시장에서 같은 일을 해오신 분들입니다. 예술의 경지에 오른 분들이 아주 많겠지요. 저는 이 부분에서 대형마트와 차별화되는 전통시장만의 강점을 찾았습니다.

제가 대형마트에 갈 때마다 불편한 점이 있는데 그것은 바로 상품에 대해 물어볼 사람이 없다는 것입니다. 간혹 코너 담당 직원이 아는 체를 할 때도 있는데 '수박 겉핥기'에 지나지 않는 경우가 더 많습니다. 전통시장이었다면 그 반대였겠지요. 일부 모르는 것이 있겠고 제품들에 대해 꿰뚫고 있는 경우가 더 많았겠지요. 바로 그것입니다.

가게의 물품을 주인이나 종업원이 직접 경험해본 것들을 따로 분류해놓거나 표시를 해놓는 겁니다. 해당 물품에 대해 직접 경험해보았으니 어떤 장점이 있고 무엇을 조심해야 하는지 알 수 있다는 얘기입니다. 써보니 가격 대비 이게 제일 낫더라고 말해준다면 굉장한 설득력이 있을 것입니다. 가격 상관 안 한다면 그래도 이게 폼은 난다고 말하기도 하고요. 경험해본 전문가가 하는 말이니 얼마나 설득력이 있겠습니까.

이런 취지를 얘기하고 도매상이나 제조업체에 소매상 체험용을 따로 요구하시기 바랍니다. 그래서 자신이 파는 제품에 대해 완벽히 꿰고 계시기 바랍니다. 어떤 질문에도 막힘이 없는 상태를 목표로. 아니, 묻지 않는 것까지도 미리 다 얘기해줄 수 있어야겠지요.

비슷한 맥락이지만 이런 것도 있습니다. 과일이나 채소분야에서 생산자별로 당도 품질 등을 기록해놓는 노력을 한번 해보시기 바랍니다. 참외는 성주, 사과는 충주, 수박은 고창, 이런 식으로 지역별로 유명한 과일이나 채소가 있습니다. 그런데 당연한 얘기지만 해당 지역에서 난 특정 작물이라고 모두 같은 품질이 아닙니다. 생산자를 확인해야 하는 이유가 거기에 있습니다. 따라서 과일이나 채소를 받을 때 생산자별 당도 품질 등을 기록해놓는 일을 꾸준히 하신다면 그 데이터가 쌓일수록 굉장한 전문성을 가지게 될 것입니다. 항상 맛있는 과일을 팔 수 있는 힘이 생기게 되는 것이지요.

이 주제의 제목을 'Ex-Market' 이라고 한 이유가 있습니다. 경험했다는 의미의 Experience 와 전문가란 의미의 Expert를 담아 Ex-Market이라고 했습니다. 내가 사려는 물건을 경험해본 사람과 비슷한 상품들의 전문가로부터 자세한 설명과 조언을 들을 수 있는 가게. 인건비를 효율로 따져서 최소의 인원만을 순환 배치하는 대형마트에서는 결코 흉내낼 수 없는 방식입니다. 이거야말로 전통시장 상인들의 자존감을 살려주면서도 매출에도 도움이 되고 나아가선 소비자들에게도 현명한 소비를 할 수 있게 도와주는 그야말로 일석삼조의 방법입니다.

스스로를 고객의 현명한 소비를 돕는 전문가로 자신 있게 정의 내리십시오. 그리고 그에 걸맞게 공부를 하시기 바랍니다. 적어도 자신이 팔고 있는 것에 대해서는 전문가라는 자부심은 모두들 갖고 계시리라 믿습니다. 그 사실을 대내외에 적극 표방하고 소비자들이 '아하, 정말 대형마트에서는 그런 게 불편했지!' 라고 느끼면서 발길을 돌릴 수 있게 하시기 바랍니다. 그리고 가게 앞에 'Ex-Shop' 이란 마크를 선명하게 붙이십시오. 모두들 당신이 전문가라는 것을 알 수 있게 말이죠.

내가 잘 할 수 있는 곳으로
전쟁터를 옮겨라

대형마트가 만들어놓은 전쟁터에 들어가서 그들이 잘 하는 방식의 싸움을 하는 우(愚)를 범하진 말아야 합니다. 단순한 가격 경쟁을 한다든가 쇼핑의 편리성을 강조하는 것 등이

이에 해당된다고 볼 수 있습니다. 소비자의 머릿속을 점령하는 전쟁에서 대형마트와 필연적으로 일정 부분 겹칠 수밖에 없는 전통시장으로선, 전혀 예상치 못한 곳에 진지를 세워야 살아남을 수 있습니다.

　지역사회와 같이 운영하는 시장으로 가야 합니다. 지역민들의 자발적이고 우호적인 참여를 이끌어내야 합니다. 그리하여 그들이 스스로를 시장의 주인이라는 생각을 갖게 해줘야 합니다. 다루는 상품들에 대해 전문가가 되어야 합니다. 전문가가 되어 고객들에게 자신 있게 설명하고 경험자 입장에서 권장상품을 얘기해줄 수 있어야 합니다. 불법이라 어림도 없는 대형마트에 비해 전통시장에서는 길거리간식용 노점도 차별화할 여지가 있습니다.

　대형할인마트에 의해 무너지기 시작한 전통시장은 이제 한계상황에 와 있습니다. 이미 경쟁력 없는 개별가게들은 거의 문을 닫았습니다. 시장 자체가 없어진 곳들도 많습니다. 온라인판매 규모가 갈수록 커지는 것을 감안하면 앞으로도 전망은 그리 밝지 못합니다. 그러니 이제는 정부나 지자체들도 더더욱 상황과 시대에 맞게 지원해줘야 합니다. 구태의연한 방식으로는 생존일수를 며칠 더 연장할 뿐입니다. 전통시장이 그나마 더는 위축되지 않게 하기 위해서라도 좋은 아이디어들과 절박함에 기인한 실천력이 요구되는 시기입니다. 모쪼록 이 글이 전통시장의 생존에 도움이 되길 바라는 마음뿐입니다.

중소기업을 위하여

사업은 종합예술입니다.
따라서 나는 이보다 더 아름다운 것을 알지 못합니다.
-안단태-

한국의 대표적인 벤처기업인 정문술 전 미래산업회장은 그야말로 맨손으로 미래산업을 일으켜서 반칙하지 않고 정정당당하게 회사를 키워서 나스닥에 상장까지 하고 은퇴했습니다. 지금도 대부분의 벤처인들에게 가장 존경받는 선배 중 대표주자로 추앙받고 있습니다. 은퇴 후 연고와는 전혀 무관한 KAIST에 거액을 기부하고 고향이나 출신학교 및 자식들에게는 거의 한 푼도 주지 않은 일화 등이 지금도 회자되고 있습니다. 그분에 대한 더 깊은 얘기는 논외로 하고 그분이 기업을 성공시키고 절정의 상태에서 은퇴를 단행한 후 했던 말에 대해 언급하려고 합니다.

가장 닮고 싶은 사람과 장래희망

　　　　　　　대학생들에게 가장 닮고 싶은 사람이 누구인가 하는 질문을 했더니 1위부터 5위까지가 모두 대기업 재벌 2세들이 나왔다는 여론조사를 본 정문술 회장. 그는 그 결과를 보고 우리나라 젊은이들이 '부모 잘 만난 것'을 가장 부러워하는 것은 아닌가 하는 생각이 들었다고 합니다. 말은 직접 하지 않았지만 맨땅에서 빈손으로 기업을 일궈서 성공한 자수성가 창업인들이 제대로 된 평가를 받지 못하는 것에 대한 탄식이 있었을 것입니다. 2003년 일이니 지금은 대학생들의 의식이 조금이라도 달라졌으리란 기대를 가져봅니다. 사실 저도 비슷한 기사를 보고 대단히 개탄스러운 일이라고 생각했던 기억이 있습니다.

　한편, 저는 이런 생각도 했습니다. 지금 소말리아에서는 어린이들의 장래희망 중 제일 많은 것이 해적이라고 합니다. 해적들이 가장 돈을 많이 벌고 부자로 살고 있기 때문이겠지요. 다른 거의 모든 직업들은 해적질에 비해 수입이 쥐꼬리일 수밖에 없는 가난한 나라이다 보니 그런 어처구니없는 결과가 나왔으리라고 생각됩니다. 그런데 저는 그 '장래희망 해적' 기사와 오버랩 되어서 우리나라의 어린이들은 그렇다면 장래희망을 어떻게 품고 있을까가 궁금해졌습니다.

　한 초등학교 시험문제에 이런 게 나왔답니다. "다음 중 가구가 아닌 것은?" 대다수 학생들이 침대를 골랐답니다. 짐작하시겠지만 에이스침대 광고문구 때문이었지요. "침대는 가구가 아닙니다. 과학입니다."

어른들도 마찬가지겠지만 특히 초등학생들은 광고와 현실에 대한 구분이 분명치 않습니다. 제가 넘쳐나는 대출광고에 깊은 우려를 하는 이유입니다.

지금 TV를 켜면 연 이자율 39%짜리 대출을 부추기는 광고가 쏟아져 나옵니다. 그야말로 '고리사채 빚 권하는 사회'입니다. 중소기업이든 가계든 제가 지켜본 바로는 연 39%짜리 이자를 내고 버텨낼 재간이 있는 분야는 없습니다. 그것도 불과 몇 년 전에는 48%였지요. 이런 살인적인 이자놀음을 방관하는 것 자체가 중소기업을 사지(死地)로 내모는 일에 동조하고 있는 것이나 다름없다고 생각합니다. 이런 이자율을 방관하면서 중소기업에 투자하라고 하는 것은 코웃음을 살 일이라고 생각합니다. 사업하는 사람을 바보로 아는 분위기에 크게 일조하는 것이지요. 가만 앉아서 한계상황에 내몰린 기업이나 가계에 연리 30% 이상으로 돈을 빌려주고 악착같이 빚을 받아내는 사회. 이러다가 우리나라 초등학생 어린이들의 장래희망 일순위에 '사채업자'가 등극할 날이 멀지 않을 것 같다는 생각이 들어서 잠시 주제와 연관은 있지만 좀 과격한 표현을 해봤습니다.

마케팅아이디어 책에서 중소기업의 중흥과 관계된 직접적인 마케팅 방법이나 아이디어는 빨리 소개하지 않고 이런 글을 다소 길게 쓰는 이유는 이 장에서는 중소기업 하나하나에 대한 마케팅 아이디어를 낸다기보다는 우리나라 전체적으로 중소기업을 살리는 방안에 대한 아이디어를 제시하려 하기 때문입니다. 말하자면 정책 아이디어인 셈입니다.

다산(多産)과 창업(創業)은 애국(愛國)

아이를 많이 낳는 것이 애국이라는 말이 전혀 농담이 아님을 이제 모든 사람이 압니다. 그렇게 사회분위기가 돌아간 데에는 여러 가지 이유가 있을 것입니다. 첫째로는 "갈수록 심각해져가는 연령층간 비율로 인해 노인인구를 부양할 젊은 사람이 점점 부족해져간다. 이는 무척 심각한 문제로 이를 해결하기 위해서는 다산(多産)만이 살길이다." 이렇게 언론이 지속적으로 다뤄준 덕분일 것입니다. 둘째로는 중앙과 지방정부의 실질적인 지원책이 상당한 효과를 발휘하고 있다고 봅니다. 생색내기에 그쳤던 초기 출산장려정책에 비해 최근에는 두 정부(중앙과 지자체)의 노력이 가상하다고 느껴질 만큼 진정성이 엿보입니다. 이 두 거대 세력의 합작아래 어느 샌가 (불과 십 년 만에) '셋씩이나 낳는 야만인'에서 '셋을 낳아 주신 애국자'로 180도 사회분위기가 바뀌었습니다. 그렇게 바뀐 사회분위기는 데이터상으로 유의미한 성과를 나타내기 시작했습니다. 신생아 숫자가 분위기 변화 이전에 비해 하락에서 상승곡선을 그리기 시작했고 초저출산국에서 벗어날 것이란 장밋빛 전망도 나오고 있습니다(2013년 3월 현재). 세계적 트렌드고 선진국으로 가는 길에 어쩔 수 없는 일인 줄로만 여길 수도 있었던 저출산율이 정부와 언론의 합작으로 극복되고 있는 것입니다.

앞서도 잠깐 언급했지만 2013년 현재 한국에서 사업을 새로 시작하는 것에 대한 인식은 소위 '도시락 싸들고 다니면서 말릴 일'입니다.

안타깝지만 그게 냉정하고 객관적인 정서입니다. 특히 내 가족이 잘 다니던 직장 때려치우고 사업을 하러 나선다고 생각했을 때는 이혼 얘기 나온다는 말이 과장이 아닐 지경입니다.

저는 우리나라 중소기업정책을 근원적인 시각에서 다시 봐야 한다고 생각합니다. 중소기업 창업하는 사람들을 바보 취급하고 창업이 어떻게든 정신 차려서 못 하게 해야 하는 무슨 나쁜 일로 치부되는 한, 중소기업육성 정책은 '언 발에 오줌 누기' 입니다.

오늘도 TV에 인기 연예인들이 나와서 사업해서 망한 일을 개그 소재로 삼으며, 사업은 절대 하면 안 될 것이란 이미지에 덧칠을 해대고 있습니다. 정식 언론보다 어떻게 보면 더 영향력이 있는 공중파의 예능프로그램에서 창업이 이런 식으로 희화화되고 패가망신의 지름길인 양 매도되는 분위기를 방치한 채 한국에서 벤쳐붐이 다시 일어나길 바라는 것은 몽상(夢想)입니다.

저는 창업(創業)이 다산(多産)보다 더 애국(愛國)이라고 생각합니다. 많이 낳아 놓았는데 일자리가 없으면 그게 더 불행일 것이기 때문입니다. 중국이나 인도 그리고 80년대 말까지의 한국에서 산아제한을 했던 이유이기도 했고요.

민간차원에서 일자리를 창출하는 유일하고 확실한 통로는 기업밖에 없습니다. 창업을 하거나 기존 기업이 사업을 잘 해서 인력을 충원하는 것뿐이지요. 너도 나도 일자리창출이 절대선(絕對善)이라고까지 외칩니다. 그러나 정작 그 일자리를 창출하는 기업을 창업하는 것에 관해 긍정적 사회분위기를 조성하는 것에 대해서는 무책임하리만치 방치하고 있다는 것이 제 진단입니다.

창업 풍토 조성

　　　　　　　　현재 미국에서 유학하고 있는 학생들
의 국적을 보면 한국이 일본, 독일, 인도를 제치고 중국 다음으로 많다
고 합니다. 우리 모두 알다시피 그들의 질도 절대 떨어지지 않겠지요.
아니, 우리 느낌으로는 가장 우수할 것입니다. 그런데 놀랍게도 실리콘
밸리에는 한국 유학생이나 이민자들이 세운 벤처기업은 거의 제로에
가깝다고 합니다(2011년 듀크대와 버클리대 공동조사). 다시 말해서 어떤
나라보다 유학생 숫자도 많고 인재들의 질도 우수한데 창업하려는 사
람이 없단 말입니다. 국내에서 철저히 받은 '교육(창업은 바보들이나 하
는 짓)' 덕분이란 이유 말고는 설명이 되질 않습니다. 절대 다수가 미국
에서 쌓은 학벌을 바탕으로 한국에 가서 '교수노릇' 하는 것이 꿈이랍
니다. 모두들 말입니다. 정작 학문에 정진하는 것이 체질인 사람들까지
이상해집니다. 유학 간 사람들은 안정적으로 미국 내 대학에서 캥거루
족처럼 살다가 경력 쌓아서 한국대학에 기웃거리고, 국내에 남은 사람
들은 고시나 공무원시험, 기껏해야 대기업 취직에 목매는 것. 이것이 지
금 한국 정부와 우리 사회가 조장하고 있고 결과로 적나라하게 나타나
고 있는 현실입니다. 우리 모두의 탓이라고 대충 넘기기엔 정부와 언론,
방송의 책임이 훨씬 크다고 생각합니다. 그래서 다음과 같이 정리해보

았습니다.

첫째, 중소기업을 하(려)는 사람을 존경하고 대우해주는 사회 분위기를 만들어줘야 합니다.

우리는 독립운동을 했던 분들을 진정으로 존경스럽게 생각하고 대단하게 여기고 감사하게 느끼기에 그들을 기리고 그들의 후손에게 세금으로 혜택을 줍니다. 그분들 덕분에 이렇게 우리말과 우리글을 자유롭게 쓰면서 우리의 역사와 정체성을 지키면서 살 수 있게 되었습니다. 생각할수록 엄청나게 감사한 일입니다.

저는 기업가정신을 가지고 어려운 상황 속에서도 고용을 창출하고 또 유지하고 있는 진정한 기업인들도 마땅한 대접을 받아야 한다고 생각합니다. 나라를 되찾는 일보단 못하겠으나 고용을 늘리고 가치를 창출하는 기업들도 상응한 평가를 받아야 한다고 생각합니다. 옥석가리기는 부수적인 것이고 전체적인 기조를 그렇게 잡아야 한다는 의미입니다.

둘째, 중소기업, 벤처기업, 창업기업에 투자하는 사람을 의식 있는 애국자로 알아줘야 합니다. 이들은 지금부터 100년 전으로 거슬러 올라가서 비유하자면 독립군에 군자금을 대 준 용기 있는 사람들입니다. 더 편한 길(일제에 협력하고 시류에 편승하는 일)도 있었지만 대의를 위해 희생할 줄 아는 의인들이었습니다. 2013년 현재 벤처기업에 투자하는 사람과 돈 모두가 그야말로 씨가 말랐습니다. 벤처캐피탈에 의한 기관투자도 코스닥 등록을 앞두고 있거나 어느 정도 안정권에 든 벤처회사에 몰립니다. 개인투자자들의 직접 투자는 더더욱 찾기 힘듭니다. 이런 상황에서 신생기업에 투자하는 것을 도박으로 보는 것도 무리는 아닙니다. 그러나 성공과 실패 확률을 따지는 것보다 명분을 세워주지 못하는 것이 더 큰 문제라고 생각합니다. 창업기업 신생 벤처기업에 투자하는 것은 국가와 사회에 기여하는 것이란 확실한 명분을 분명히 심어주는 것이 중요하다고 생각합니다. 조금 덜 벌고 조금 더 위험성이 있더라도 사채업자나 투기꾼 취급 받지 않고 국가와 사회의 미래를 생각하는 투자자, 의식 있는 존경받는 투자자라는 인정을 세상으로부터 받게 해줘야 합니다.

셋째, 정책과 제도가 선도해야 합니다.

주식시장 격언에 이런 말이 있습니다. "정부 정책에 역행하지 마라. 정부의 확실한 의지가 보이면 따르라." 자본시장에 참여하는 투자자들은 정부의 정책에 대단히 민감합니다. 특히 정부가 확실한 의지를 가지고 추진하는 정책의 방향성에 주목합니다. 정부에는 세제혜택 등 크고 작은 물줄기를 바꾸고 움직일 수 있는 수많은 무기가 있습니다.

신생아 증가를 이끌어낼 만큼 정부의 정책과 제도 개선이 갖고 있는 능력은 대단합니다. 그런 의미에서 중소기업 벤처기업에 투자하지 않는다고 기업인들은 세태를 한탄할 수 있습니다. 하지만 정부는 스스로 의지만 있으면 충분히 할 수 있는 일이라는 것이 확실한 이상 더 이상 머뭇거려선 안 됩니다. 주식이나 부동산에 투자하는 사람들이 벤처투자에 눈을 돌릴 수 있도록 '거부할 수 없는 제안' 으로 느껴질 정도의 혜택을 주시기 바랍니다. 그리고 이런 제안들과 제도변화를 중소기업인들이 주도할 수 있게 해주시기 바랍니다.

장(場)

1. 선·후배 만남의 장(場)

이번 주제는 비단 중소기업이나 벤처기업의 창업에만 해당되는 얘기는 아닙니다. 어쩌면 소상공인의 창업에 더 어울릴 만한 주제입니다.

창업자들을 만나서 얘길 하다보면 대단히 용감(만용에 가까운)한 경우를 아주 많이 봅니다. 공부를 하고 철저히 준비하고 나서 창업하는 사람들이 그렇게 많지 않다는 면에서 그렇습니다. 특히 관련 책을 여러 권 독파한다거나 하는 사람들은 소상공인일수록 별로 없다는 것이 제 경험입니다. 우리나라가 OECD국가 국민들 중에서 가장 책을 적게 사고 또 그만큼 안 읽는다고 하니 새삼스러울 것도 없겠습니다. 하루아침에 그런 '문화'가 바뀔 수도 없는 노릇이고 계몽한다고 쉽게 움직여줄 성질의 것이 아니겠지요. 그러나 규모가 크든 작든 창업은 사전에 얼마나 철저히 준비했는지가 성패에 결정적인 역할을 하는 만큼, 책이 아니라면 다른 방법으로라도 가르치고 배우고 생각하는 시간이 필요합니다. 그래서 효과적이면서도 현실적인 방안을 생각해 보았습니다.

우리나라의 창업자들은 대부분(규모에 관계 없이) 충분한 시간을 갖고 책도 보고 공부도 하고 관련 업종에 (위장)취업도 하면서 직·간접 경험을 한 후 창업을 하기보다는 지나치게 충만한 자신감을 바탕으로 용감하게 저지르고 보는 경향이 강합니다. 그때 그나마 귀에 들어오는 말이 있으니 바로 자신이 간 길을 그대로 걸어간 선배들의 생생한 경험담입니다.

창업자에겐 사업에 성공한 사람의 노하우도 실패한 사람의 경험담도 모두 무척 중요합니다. 그걸 창업자들도 알고 있고 생생한 정보이기에 상당한 관심을 기울입니다. 문제는 적당한 사람들을 주변에서 찾거나 만나기가 쉽지 않다는 것이지요. 알고는 있지만 자기 스스로 광고내서 찾아다닌다는 것도 현실적으로 맞지 않지요. 이 둘을 연결하는 제도적 장치를 만들자는 것입니다.

성공한 사람이든 실패한 사람이든 자신의 경험담을 일정 형식에 맞춰서 동영상을 만듭니다. 사회에 대한 재능기부의 형태도 좋고 구직수당의 형태로 보상받는 것도 좋습니다. 정부가 그 경험들을 후하게 쳐서 사주는 것입니다. 30분이나 50분짜리 동영상을 10만 원에 사는 겁니다. 그래야 동영상의 수준이 높아질 것입니다.

동영상들을 분야별로 정리하고 데이터베이스화 합니다. 창업하려는 사람들은 그 리스트 안에서 자신이 창업하려는 분야 선배들의 경험이 녹아 있는 테입을 의무적으로 3개 이상 시청해야 합니다. 소개자료를 보고 선택해서 시청하는 동영상입니다. 동영상 제작자 입장에서는 자신이 만든 경험담 동영상이 예비창업자들에 의해 선택되어서 한 번 시청될 때마다 1만 원씩을 받게 됩니다. 좀 지나면 분야별로 스타동영상도 뜰 것이고 언론에서 몇 번 다뤄주면 선순환도 일어날 것입니다. 1:1 면담을 후배가 신청할 땐 선배에게 시간당 3만 원을 지불해야 합니다. 동영상을 보다보면 구인 구직이 자연스레 이루어지는 효과도 기대할 수 있을 것입니다.

한편, 정부에서는 대한손해보험협회와 공동으로 교통사고 줄이기 캠페인을 연중 펼칩니다. 캠페인을 진행해 보니 사고감소 효과가 뚜렷이 나타나고 있고 교통사고로 인한 인명피해 경제적 손실 등의 감소에 캠페인이 확실한 영향을 미치고 있다고 합니다. 잘 하고 있는 일이지요. 교통사고로 인한 사회적 비용이 상상을 초월할 정도로 막대한 것을 감안할 때 온갖 아이디어를 내고 법적 제도적 장치들이 더 개선되고 실천되어야 할 것입니다.

나아가 저는 교통사고 줄이기도 인명에 관계된 것이므로 무척 중요한 일이라고 생각되지만 창업에 대한 실패를 줄이려는 노력도 그에 못지않게 (아니, 어쩌면 더) 필요한 일이라고 생각합니다. 그로 인한 사회적 비용이 교통사고보다 훨씬 크기 때문입니다. 따라서 정부차원에서 국민들의 창업에 대한 실패율을 낮추고 성공가도를 달릴 수 있게 하는데 적극 나서야 한다는 게 제 생각입니다. 교통사고가 개인의 문제만은 아니듯 규모가 크든 작든 모든 창업도 개인과 한 가정만의 일이 아니기 때문입니다.

창업하려고 하는 사업 분야에서 성공하고 있는 사업가와 실패한 경험이 있는 분들의 경험담을 정부가 취합 관리하면서 예비창업자들에게 실질적인 도움을 주기 바랍니다.

2. 창업과 투자자 만남의 장(場)

중소기업과 벤처기업을 하는 사람들에게 최대의 관심은 기술개발이 아닙니다. 자금입니다. 자금이 안정적으로 뒷받침되어야 기술개발이고 뭐고 생각할 수 있습니다. 극단적으로 말해서 그렇다는 얘기이긴 합니다만, 가장 현실적인 문제입니다.

예비창업자 또는 기존의 중소기업 벤처기업들이 자신의 아이템을 설명하고 엔젤투자자를 비롯한 기관 및 일반투자자들에게서 투자를 받는 장(場)을 세우는 것에 대해 생각해 보았습니다.

중소기업청 산하에 엔젤투자클럽이 결성되어 투자와 경영지도 등의 활동을 하고 있는 것으로 알고 있습니다. 생긴 지 얼마 되지 않아서인지(2011년) 아직 왕성한 실적은 없는 것으로 보입니다. 특히 저의 관심 분야인 초기 벤처 분야에도 별다른 소식이 없습니다.

그래서 그 엔젤투자클럽은 별개로 하고 제가 생각한 중소기업 벤처기업 및 예비창업자 신기술개발자들과 모든 형태의 잠재적 투자자들이 실질적으로 만날 수 있는 방안을 생각하게 되었습니다.

일단 모든 사업 분야에 대한 분류체계를 정합니다. 그리고 사업 소개에 사용될 표준양식을 만듭니다. 중소기업청 홈페이지에 한 코너를 개설한 후 대대적인 광고를 합니다. 중소기업청에서 사업 아이템과 투자자를 연결시켜 준다고 말입니다.

이 프로그램의 핵심은 개방성입니다. 대한민국 국민이라면 누구나 일정한 형식에 맞춰서 자신만의 새로운 아이템(기술, 서비스 등 불법만 아니라면 어떤 것이라도)을 설명할 수 있는 공간을 마련해주는 것입니다. 여기로 투자자들이 모여들 것입니다. 이 공간에서 투자자들은 지역별, 산업분야별, 투자요청금액별, 투자방식별로 분류된 투자유치용 사업설명서들을 열람할 수 있을 것입니다. 사업계획서와 아이템이 모이고 거기에 소위 '대박꺼리' 가 있으니 투자자들이 관심을 가질 것입니다. 선순환이 일어나야겠지요.

이 프로젝트가 성공적으로 자리 잡는다면 기대되는 효과가 또 하나 있습니다. 바로 투자 브로커들에 의한 농간을 줄일 수 있다는 점입니다. 현장에서 보면 투자 받기를 원하는 사람들의 약하고 절박한 마음을 이용해서 접근하는 브로커들이 아주 많습니다. 이들은 은행 융자나 정부 지원을 받아 주겠다고 접근하는 방식부터 시작해서 투자자를 소개시켜줄 테니 커미션으로 주식 지분의 몇 퍼센트를 달라는 식까지 대부분 암(癌)세포적 행동들을 하는 부류입니다. 대부분 활동비조로 선불을 요구하며 결과적으로 일이 성사되는 경우는 거의 없습니다. 이들은 서민들을 울리는 금융사기범들과 다를 바가 하나도 없으며 전체적으로 보면 우리나라 기업 발전을 좀먹고 있는 자들입니다. 실제로 어려움에 빠진 중소기업들 중에서 이런 이들의 접근과 유혹을 경험해보지 않은 사람들은 거의 없을 정도입니다.

한편, 소위 '소개자' 의 무리한 욕심 때문에 투자자도 기업가도 그럴 바엔 안 하고 말겠다는 식으로 흘러가는 경우도 아주 많습니다.

아무리 헌법에 '계약 자유의 원칙' 이란 게 있다지만 연예인들의 소위 '노예계약' 이 사회적으로 문제가 된 적이 있었습니다. 법망을 교묘히 피해간 문구들이 계약서 곳곳에서 발견되었지요. 그래서 정부에서는 표준계약서라는 것을 만듭니다. 일반 회사들에서도 고용노동부가 제시한 표준근로계약서라는 것을 많이 사용하지요. 저는 일반적인 투자나 소개 커미션 분야도 중소기업청이나 공정거래위원회에서 케이스별 기준을 마련해주는 것을 생각해 보았습니다. 투자 유치나 컨설팅 분야도 이러 이러한 경우에는 투자 유치 금액의 2%, 지분 참여는 5% 이내. 뭐란 식으로 말입니다. 구속력은 없더라도 기준을 제시해주자는 것입니다. 이런 일들은 실제로 중소기업이나 창업을 해본 사람이 아니고선 깊이 있는 고민을 하기 힘든 분야입니다.

모든 브로커가 사기성을 가지고 있진 않습니다. 그런데 그런 사기성을 가진 사람들이 하도 판을 치니 정상적인 사람들이 오히려 그 세계에 발을 들여놓지 않으려 합니다. 만약 현실에 걸맞는 어떤 기준이 마련되어서 시장에 뿌리를 내리기 시작한다면, 정부에서 건전한 브로커들의 활동을 장려하게 되는 효과도 있을 것입니다.

이런 모든 일들은 아예 획기적으로 전혀 다른 이력을 가진 사람들에게 프로젝트 용역을 주는 것은 어떨까 상상해봅니다. 인터넷에서 콘텐츠를 기획한 전문가라든가 뭔가를 연결시켜주는 일을 고민해 보았던 방송국 프로듀서 같은 사람들 말입니다.

교육

1. 사장들에 대한 정기교육 의무화
우리나라의 모든 직업을 가진 사람들 중에서 정기적으로 의무적인 교육을 받지 않는 부류가 있으니 그것은 바로 사장님들이십니다. 공무원들도 정기적인 연수프로그램이 있고 직무관련 교육이 늘 있습니다. 중견기업 이상만 되어도 사원들과 임원들에 대한 교육이 만만치 않습니다. 그런데 유독 영향력이 가장 막강하기에 교육이 제일 필요한 분들임에도 사장님들에 대한 교육은 의무적이지 않습니다. 다만 깨어 있는 다수의 사장님들이 스스로 스터디 모임을 만든다든가 각자 알아서 강좌를 듣고 있지요.

중소기업 사장과 소상공인의 교육을 정기화 의무화해야 한다고 생각합니다. 너무도 당연한 얘기지만 정부와 국세청은 사업에 대한 인허가를 내주고 잘 못하면 꾸짖기만 하는 존재가 아닙니다. 기업과 소상공인이 망하지 않고 사업을 잘 해 나갈 수 있게 적극적으로 도와줘야 할 책임과 의무가 있습니다.

교육의 형태를 다양화시킬 필요가 있습니다. 서비스 강사나 정부기관에서 나와 정책이나 법령을 설명해주는 일방적인 강의 중심에서 탈피하는 아이디어를 내봅니다. 지자체나 관련 정부부처는 최대한 장(場)을 마련해주고 동종업종이나 같은 지역에서 성공하고 있는 분들이 자신도 이 기회에 공부를 좀 더 체계적으로 해서 여러 사람들 앞에서 발표를 하게 하는 것을 예로 들 수 있습니다.

남들을 위해서 자신의 소중한 노하우와 경험을 나눠준 분들에게 과감히 세제혜택 같은 획기적 지원을 해주는 것은 어떨까요? 강의와 교육의 질이 높아지지 않을까요?

2. 한 번 넘어진 분들을 위하여

우리나라 중소기업 관련 금융제도 중에서 가장 잘못된 부분은 기업가가 한 번 넘어지면 다시 일어나기 거의 불가능할 정도로 만들어놓는다는 것입니다. 바로 대표이사 연대보증제 때문입니다. 기업이 돈을 갚지 못하면 대표이사 개인이(때론 임원까지 연대해서) 갚도록 만들어놓은 것인데 절대 강자인 은행들의 땅 짚고 헤엄치기식 횡포에 가까운 제도입니다. 여기서 은행 입장에서 기업가의 도덕적 해이 등을 논할 게제는 아니고 선진국에는 없는 우리나라 은행들의 책임 회피성 제도는 아닌가 생각해볼 필요가 있다는 것을 말씀드리고 싶은 거지요. 주제가 기업가가 한 번 실패를 했더라도 다시 일어설 수 있게 해줘야 한다는 데 초점이 맞춰져 있으니까요.

기업이 망하면 기업가는 바로 신용불량자로 전락하게 되어 있습니다. 2013년 한국 사회에서 신용불량자는 정부나 은행 등 어떤 기관에서도 그 어떤 도움도 받을 수 없습니다. 설사 수돗물로 가는 자동차를 만들어도, 환경오염을 획기적으로 줄일 수 있는 신기술을 개발해도 기술보증이나 신용보증 중소기업진흥공단 은행 지원은 절대로 받을 수 없습니다. 마치 공소시효 같은 것이지요. 공소시효가 지난 사건은 아예 조사할 생각조차 안 하는 것처럼 말입니다.

크게 보면 열심히 하려다 한 번 실패한 기업가는 국가와 사회의 커다란 자산입니다. 개인적으로도 재기해서 행복한 삶을 추구할 권리가 있는 가장(家長)들이고요. 이들을 제도적으로 양지로 끌어내서 다시 도전할 수 있게 해줘야 한다고 강력히 주장합니다.

재기원

사업을 하다가 넘어져서 재기를 원하는 절박한 분들을 위해 정부가 대대적으로 지원을 해주자는 것입니다. 짧게는 일주일 길게는 한 달간 정부가 숙식을 제공하면서 그들의 재기를 실질적으로 돕는 것입니다.

이때도 중요한 것은 일방적으로 이렇게 하라고 교육을 하는 것보다 자기들끼리 토론도 하고 공부도 하면서 스스로 깨치는 방법을 도입하는 것이 좋을 것입니다. 그렇게 하기 위해서는 반드시 비슷한 업종을 했던 사람들끼리 또는 앞으로 하려는 일이 비슷한 사람들끼리 모이는 것이 중요할 것 같습니다.

재기자금 지원

세금을 걷어 갈 때는 하루만 신고가 늦어도 엄청난 가산세를 물립니다. 그런데 수십 년간 엄청나게 성실 납부를 했어도 한 번 삐끗하면 여지 없습니다. 그건 그거고 이건 이거다 이런 거죠. 그래서 '그것'과 '이것'을 합쳐 볼 수는 없을까 생각해 보았습니다.

대표이사 개인이라면 소득세, 법인차원으로는 법인세를 기준으로 정합니다. 지난 10년간 낸 세금의 1/10을 재기 자금으로 지원해주는 것은 도저히 안 되는 일인 걸까요?

지금도 기초 생활 보장비는 (월 150만 원 정도) 어떤 차압이나 압류도 손을 대지 못하게 되어 있는 것으로 알고 있습니다. 마찬가지 개념을 중소기업의 재기자금에도 도입하자는 것입니다. '지난 10년간 낸 세금의 1/10을 재기 자금으로 지원해준다. 이 돈은 어떤 채무로부터도 자유롭다.' 이런 식으로 말입니다.

중소기업을 하는 사람들의 사기진작에 엄청나게 기여할 것으로 예상됩니다. 현실적으로 우리나라 중소기업의 5년 생존율이 15% 정도밖에 되지 않는 상황에서 누군들 이 제도가 완벽히 남의 일일 수 있겠습니까? 만약에 이런 꿈 같은 제도가 현실이 된다면 세금을 내는 기분이라든가 자세가 달라질 수밖에 없다고 생각합니다. 성실납부를 하는 사람도 많아지고 규모도 좀 더 커지지 않을까요?

직접 한번 해보시는 것을 제안합니다.

중소기업진흥공단이라든가 기술보증기금, 신용보증기금 등이 융자 및 지원과 관련하여 중소기업이 직접 상대하는 정부 산하기관입니다. 지난 시절 제가 직접 사업을 하면서 이들 기관들을 꽤 여러 차례 방문했었습니다. 그런데 그때마다 느낀 것은 정말 탁상행정에서 크게 벗어나지 못하고 있다는 느낌이었습니다. 복지부동 무사안일이 그곳에도 팽배해 있다는 인상을 지울 수가 없었습니다.

최근 대법원에서는 판사 임용에 대한 기준을 새로 마련했습니다. 2013년부터는 사법연수원을 수료하자마자 판사가 되는 일은 없어집니다. 일정 기간의 법조 경력을 갖춘 법조인만 판사에 지원할 수 있게 되었습니다. 2017년엔 3년, 2019년엔 5년, 2022년엔 10년 이상의 법조 경력이 있어야 판사에 지원할 수 있습니다. 이런 제도가 시행되게 된 데에는 다른 이유들도 없진 않겠으나 가장 중요한 것은 역시 '사회 경험 전무한 공부만 잘 한 새파란 판사'에 대한 논란이었습니다. 세상일이 법전으로만 해석될 것 같으면 아직도 관습법과 불문법을 따르고 있는 영국은 무법천지가 되었어야 했겠지요. 머리가 좋고 잘 외우고 시험을 잘 치는 것은 공감하는 능력과 그렇게 깊은 상관관계가 있어 보이지 않습니다. 판사들도 자신이 직접 경험해보고 살아온 환경과 관계 있는 일에 대한 이해가 훨씬 높을 것이라는 점은 시사하는 바가 크다고 생각합니다.

이렇게 제안합니다. 중소기업진흥공단이라든가 기술보증기금, 신용보증기금에 종사하는 분들 중 선발해서 자신들이 늘 상대하고 있는 중소기업의 사장을 한번 해보시는 것을 제안합니다. 다시 말해서, 스스로 어떤 아이템을 가지고 공장터를 알아보고 각종 지원을 알아보는 것부터 시작해서 창업과 운영의 과정을 모두 겪어보라는 것이지요. 잘 되면 그냥 사업하고 잘 안 되면 조직으로 다시 돌아올 수 있는 기회를 주면 되지 않을까요? 장난 같지만 진지하게 고민해볼 필요가 있다고 생각합니다.

우리나라 최고의 대장암 전문의가 자신이 암에 걸리고 나서야 암에 대해 진정으로 알게 되었다고 했던 말이 생각납니다. "내가 아무렇지도 않게 처방했던 항암치료가 이렇게 고통스러운 것인 줄 그때 알았더라면 한 번 더 다른 방법을 생각했을 텐데" 같은 것들 말입니다. 중소기업을 상대하시는 분들 모두는 이런 생각을 가져야 합니다. 지원을 받으러 찾아오는 사람들은 병원에 찾아오는 환자나 마찬가지입니다. 약자

일 수밖에 없습니다. 그들을 진정으로 이해하는 길은 자신이 병에 걸려 보지 않고는 어려운 일일 수밖에 없습니다. 마찬가지로 중소기업의 애로를 직접 겪어보지 않고는 진정으로 이해할 수 없을 것입니다.

이런 방법도 있을 것입니다. 중소기업을 운영했던 분들 중에서 직원을 특채하는 것이지요. 현재 있는 직원들을 창업해보라고 시베리아로 내보내는 것이 부담스럽다면 말입니다. 지원자도 거의 없을 테고요. 법조 경력자만(그것도 10년씩이나) 판사로 임용되는 것하고 뭐가 다릅니까? 중소기업을 해본 사람만 중소기업을 실제 상대하는 자리에서 일할수 있게 하는 것하고 말입니다.

유일한 일자리 창출의 길

결론적으로, 창조적이고 진취적인 건전한 기업가의 양성은 양질의 일자리 창출의 유일한 방법입니다. 이것을 정부가 체계적이고 시대에 걸맞는 고민을 통해 적절한 지원을 해줘야 합니다. 구태의연한 방법으로는 한계가 뚜렷하고 지금의 성공률에서 크게 벗어날 수 없습니다. 대기업의 횡포와 공공기관의 '팔짱'은 어제 오늘 일이 아닙니다만 더 이상은 중소기업들에게 각개격파식으로 살아서 돌아오시라고 얘기해선 안 된다는 생각입니다.

하고 싶은 말은 굉장히 많지만 책의 주제도 있고 해서 몇 가지 정책성 아이디어들을 내보는 정도로 자제했습니다.

에필로그

마케팅 아이디어를 낸다는 것은 사실 기가 막힌 하나를 건지기 위해 다작(多作)의 바다에 돌 하나를 던지는 것과 같습니다. 천재 작곡가인 모차르트도 셀 수 없이 많은 곡을 작곡했습니다. 얼마 살지도 못하고 요절했기에 지금 우리가 알고 있는 '위대한 곡'들이 그가 작곡한 전부일 줄 알았는데 그게 아니었습니다. 당시의 거의 모든 음악 장르에서 무려 600여 곡이나 되었습니다. 우리가 지금 모차르트의 곡이라고 즐겨 듣는 곡은 모차르트가 작곡한 곡들의 극히 일부분이라는 말입니다. 역사상 최고의 천재 작곡가라 불리는 그에게도 '평범한' 작곡이 대부분이었던 것입니다. 그에 비하면 셰익스피어나 에디슨은 더욱 '평범'했지요.

각 분야의 천재라 불리는 사람들의 공통점은 IQ가 아니라 다작(多作)과 용기(勇氣)인 것 같습니다. 물론, 용기(勇氣)를 갖고 다작(多作)만 한다고 천재라고 할 순 없겠지요. 그러나 천재적 아이디어나 영감을 바탕으로 한 위대한 작품의 탄생 뒤에는 반드시 다작과 용기와 열정이 있었음은 분명합니다.

좋은 아이디어는 마른하늘에서 천둥 벼락 치듯 갑자기 떠오르는 것이 아닙니다. 위대한 아이디어가 그렇게 난데없이 떠오르는 것이라면 만유인력을 발견한 뉴튼의 사과 이야기도 우연한 발견일 것입니다. 좋은 아이디어는 수많은 평범한 아이디어를 기반으로 피는 아름다운 꽃입니다. 꽃이 공중에 떠 있을 수 없듯이 하나의 좋은 아이디어가 탄생하기까지는 반드시 수많은 평범한 아이디어라는 토양이 필요한 것입니다.

새로운 마케팅 아이디어들만으로 책을 내는 데 나름 용기가 필요했습니다. 어떤 주제에 대한 주장이나 생각들을 펼쳐 보이는 것은 논리만 있으면 되는 일이었습니다. 하지만, 마케팅 아이디어라는 것은 평가가 수반되는 일입니다. 제가 보기엔 괜찮은 생각인 것 같은데, 실현 가능하면서 잘 하면 대박도 가능할 것 같은데, 내게만 예쁜 '고슴도치 새끼들' 인 것은 아닌지 자신이 생겼다 없어졌다 했습니다.

결국, 용기를 내보기로 했습니다. 제가 천재가 아님은 확실하지만 천재보다 더 큰 열정과 용기로 더 많은 아이디어를 낸다면 소위 대단한 아이디어를 낼 수도 있지 않을까 하는 생각이 들었기 때문입니다. 그리고 만약에 그런 훌륭한 아이디어가 나온다면, '아이디어 하나가 지역 경제를 살린다' 라는 어느 책 제목처럼 대단한 결과가 나올 수도 있지 않을까 감히 기대해봅니다.